FRIGHTFUL FIRST WORLD WAR
by Terry Deary, illustrated by Martin Brown

Text copyright ⓒ 1998 by Terry Deary
Illustrations copyright ⓒ 1998 by Martin Brown
All rights reserved.
Korean translation copyright ⓒ 2009 by Gimm-Young Publishers, Inc.
This Korean edition was published by Gimm-Young Publishers, Inc. in 2009
by arrangement with Scholastic Ltd. through EYA(Eric Yang Agency), Seoul.

이 책의 한국어판 저작권은 에릭양 에이전시를 통해 Scholastic Ltd.와 독점 계약한
(주)김영사에 있습니다. 저작권법에 의하여 한국 내에서 보호를 받는 저작물이므로
무단 전재와 복제를 금합니다.

앗, 이렇게 재미있는 사회·역사가!

쿵쿵쾅쾅 제1차 세계 대전

테리 디어리 글 | 마틴 브라운 그림 | 김은숙 옮김

주니어김영사

쿵쿵쾅쾅 제1차 세계 대전

1판 1쇄 인쇄 | 2009. 9. 25.
개정 1판 1쇄 발행 | 2019. 12. 5.
개정 1판 4쇄 발행 | 2025. 2. 21.

테리 디어리 글 | 마틴 브라운 그림 | 김은숙 옮김

발행처 김영사 | 발행인 박강휘
등록번호 제 406-2003-036호 | 등록일자 1979. 5. 17.
주소 경기도 파주시 문발로 197(우10881)
전화 마케팅부 031-955-3100 | 편집부 031-955-3113~20 | 팩스 031-955-3111

값은 표지에 있습니다.
ISBN 978-89-349-9890-7 74080
ISBN 978-89-349-9797-9 (세트)

좋은 독자가 좋은 책을 만듭니다. 김영사는 독자 여러분의 의견에 항상 귀 기울이고 있습니다.
전자우편 book@gimmyoung.com | 홈페이지 www.gimmyoung.com

이 도서의 국립중앙도서관 출판시도서목록(CIP)은 서지정보유통지원시스템
홈페이지(http://seoji.nl.go.kr)와 국가자료공동목록시스템(http://www.nl.go.kr/kolisnet)에서
이용하실 수 있습니다. (CIP제어번호 : CIP2019031992)

|어린이제품 안전특별법에 의한 표시사항| 제품명 도서 제조년월일 2025년 2월 21일
제조사명 김영사 주소 10881 경기도 파주시 문발로 197 전화번호 031-955-3100 제조국명 대한민국
사용 연령 11세 이상 ⚠주의 책 모서리에 찍히거나 책장에 베이지 않게 조심하세요.

차례

들어가는 말	7
1914년, 최초의 총성	16
1915년, 전면전	27
1916년, 무시무시한 솜 전투	58
1917년, 진흙탕 전투	75
1918년, 기진맥진한 병사들	105
선생님에게 퀴즈를 내자	140
끝맺는 말	147
소름 끼치는 퀴즈	149

들어가는 말

역사는 잔인하고 끔찍하다. 그래서 어린이에게 역사의 진실을 모두 알려 줘서는 안 된다고 생각하는 재미없는 어른들도 있다.

하지만 우리가 역사 속의 진실을 배우지 못하면 인생에 매우 유익한 사실을 놓칠 수도 있다.

혹시 새로 산 가죽 신발 때문에 발이 아프면, 신발에 꽃을 잔뜩 넣어 보자. 과연 어떻게 될까? 당연히 아무 효과도 없다. 신발은 여전히 딱딱하고 발에는 물집이 잡힐 것이다.

선생님은 왜 '스위트피' 혼합물에 대한 진실을 알려 주지 않는 걸까? 그 이유는 다음 중 하나일 것이다.

a) 선생님도 잘 모르니까.

b) 선생님은 진실을 알지만, 난처해서 말해 주지 않는다.

지금 여러분에게 필요한 것은 사람들이 저질렀던 끔찍한 진실을 거리낌 없이 솔직하게 알려 주는 책이다.

물론 이런 이야기는 별로 도움이 안 되겠지?

> 제1차 세계 대전에 참전한 군인들은 '무인 지대'라는 땅을 사이에 두고, 참호 안에 살면서 반대편 참호에 있는 적군들과 싸웠단다.

어때, 마치 편안하고 평화로운 이야기처럼 들리지? 하지만 제1차 세계 대전은 매우 참혹했다. 무인 지대를 사이에 두고 참호 안에서 살았던 군인의 경험담을 듣고 나면, 여러분도 그 고통을 이해할걸!

> 시체와 시체 조각, 핏덩어리, 폭발성 가스 때문에 형성된 금속 같은 녹색 점액이 물 위를 떠다녔어.
> 우리는 몇 미터 앞에 있는 적을 마주 보고, 그곳에서 싸우며 죽어 갔지. 모래주머니 밑에 웅크리고 앉아 참호 옆으로 굴을 파고 들어갔어. 몸에는 이가 떼를 지어 기어 다녔어. 몸을 더 깊숙이 숨기려고 삽으로 땅을 파다 보면, 삽 끝에 전우의 물컹한 시체가 그대로 느껴졌지. 적군이 우리 진지에 포탄을 쏠 때면, 살점 덩어리, 군화가 붙어 있는 다리, 시커멓게 탄 손, 눈알이 빠진 머리통이 공중으로 포물선을 그리며 떨어졌어.

현장에 있었던 병사가 이렇게 직접 쓴 이야기가 좀 더 진실에 가까울 것이다.

세계 역사 중에서도 가장 끔찍한 것은 제1차 세계 대전의 역사다. 처음으로 전쟁에 기계가 대량으로 동원되었고 사람들이 그 사이에 끼어들면서 참혹한 비극이 일어났다. 하지만 제1차 세계 대전에는 끔찍하고 잔인한 이야기뿐만 아니라 용기와 광기, 용감한 사람과 미친 사람, 우정과 격렬한 증오, 사랑……그리고 징그러운 이야기도 있다.

제1차 세계 대전의 패거리

제1차 세계 대전은 왜 일어났을까? 이 물음에 답하기 위해 많은 사람이 두꺼운 역사책을 아주 많이도 썼다. 하지만 간단하게

그 이유를 말하자면, 유럽이 1914년 무렵에 두 패거리로 갈려 서로 으르렁대고 있었기 때문이다. 이들은 길거리 깡패와 하나도 다르지 않았다. '동맹국' 패거리는 독일이 주도했고, '연합국' 패거리는 프랑스와 영국이 주도했다.

두 패거리는 깡패가 그러는 것처럼 무기를 모으고 협박을 일삼았다.

두 패거리 중에서 누군가 시빗거리만 제공하면 금방이라도 큰 패싸움이 벌어질 판이었다.

흑수단의 실수

그렇다면 제1차 세계 대전은 어떻게 시작되었을까? 대개 싸움을 거는 사람은 깡패 두목이 아니다. 언제나 주변에서 얼쩡거리는 똘마니가 싸움을 일으킨다. 제1차 세계 대전에서는 동맹국 패거리의 똘마니였던 보스니아가 시빗거리를 제공했다.

이렇게 해서 흑수단(진짜 이름이다!)이라고 하는 세르비아 패거리는 오스트리아-헝가리 제국의 황태자가 보스니아에 도착하기만을 기다렸다. 가브릴로 프린치프는 세르비아 흑수단의 자유 투사였다.

이렇게 전쟁의 도화선이 당겨졌다. 오스트리아는 세르비아에 전쟁을 선언했고, 독일은 오스트리아 편에 섰다. 러시아는 세르비아 편을 들었고, 프랑스는 러시아와 한패가 되었다. 독일은 프랑스를 공격하는 길에 벨기에를 침공했고, 영국은 벨기에와 한 편이 되었다.

제1차 세계 대전이 시작되었다. 모두 넉 달이면 전쟁이 끝나리라고 예상했지만 이 무시무시한 전쟁은 무려 4년 동안이나 줄기차게 계속되었다.

하지만 전쟁 이야기를 시작하기 전에, 우선 잠깐 퀴즈부터 풀어 보자.

1. 페르디난트가 죽은 뒤에 피에 젖은 그의 웃옷은 어떻게

되었을까?
 a) 오스트리아 군인들이 전쟁터에 가지고 나가서 깃발처럼 사용했다.
 b) 무덤 속에 함께 묻어 주었다.
 c) 무시무시한 것을 좋아하는 사람들이 구경할 수 있도록 박물관에 전시했다.
 2. 암살자 가브릴로 프린치프는 어떻게 되었을까?
 a) 도망치다가 경찰이 쏜 총에 맞아서 죽었다.
 b) 도망쳐서 오래오래 행복하게 살았다.
 c) 체포되어서 감옥에 갔다.

답:
1. c) 프란츠 페르디난트의 죽음은 그때까지 가장 많은 피를 본 전쟁의 시발점이 되었다. 그래서 그의 웃옷은 끔찍한 전쟁을 일깨워 주는 중요한 기념품이었다. 페르디난트의 웃옷은 비엔나에 있는 오스트리아 역사박물관에 전시되어 있다. 여러분도 직접 가서 보기 바란다. 단, 그런 무시무시한 기념품을 좋아하는 어린이들만 갈 것!

2. c) 가브릴로 프린치프는 생포되었다. 그가 쏜 총탄 두 발 때문에 수백만 명이 죽었지만, 사람들은 그를 살려 주었다. 암살자 가브릴로 프린치프는 제1차 세계 대전이 끝나기 직전에 감옥에서 폐암으로 죽었다. 전쟁이 일어나기 전인 4년 전에 죽지 않은 것이 참으로 애통할 뿐이다!

미치광이 윌리

그 뒤 상황이 진정되었다면 세르비아 문제는 조용히 묻혔을지도 모른다. 그러나 두 패거리의 몇몇 두목은 별로 똑똑하거나 유쾌한 인물이 아니었다. 아래의 독일 왕만 해도 그렇다.

이름: 카이저 빌헬름
직업: 독일의 군주
특기 사항: 인기 없음. 불쌍한 윌리를 좋아한 사람은 아무도 없었다. 할머니인 영국의 빅토리아 여왕조차도 윌리를 지긋지긋하게 여길 정도였다. 영국인인 엄마는 그에게 생일 축하 인사조차 해 주지 않아서, 윌리가 며칠 동안이나 삐친 일도 있었다. 윌리 아빠는 윌리가 위험한 지도자가 될 것이라고 생각했다. 그래도 아빠는 좀 똑똑하군!
약점: 윌리의 왼쪽 팔은 선천적으로 발육이 덜 되었고, 윌리는 이 팔을 매우 부끄러워했다. 그래서 사진을 찍을 때마다 왼팔을 숨겼고, 주위 사람들도 왕을 따라서 멀쩡한 왼팔을 숨겼다.
고약한 성미: 독일 노동자들이 파업에 들어갔을 때, 윌리는 병사들에게 군대에 파업 노동자들을 공격하라는 지시를 내리면서 "적어도 500명은 죽여 줘야 돼."라고 말했다.
즐겨하던 말: 난 사람들이 싫어.
즐겨하지 않던 말: 침착하게 이야기해 보자.

1914년, 최초의 총성

1914년 8월에 전쟁이 일어났지만, 아무도 놀라지 않았다. 1871년에 독일이 프로이센-프랑스 전쟁에서 프랑스를 격파한 이후로, 프랑스가 독일을 상대로 복수를 시도하는 것은 시간문제였다. 하지만 1914년 말이 되도록 전쟁이 끝나지 않자 사람들은 그제서야 놀라게 되었다. 두 패거리는 링에 뛰어든 헤비급 권투선수처럼 서로 자기가 KO승으로 신속하게 승리할 것이라고 생각했다. 하지만 싸움은 접전을 거듭하며 장기전이 되었고 결국 양측은 기진맥진하고 말았다.

1914년 주요 사건 연표

6월 28일 보스니아에서 프란츠 페르디난트 대공이 암살당했다. 그는 오스트리아의 황제가 될 인물이었기 때문에 오스트리아는 매우 화가 났다(페르디난트는 이미 죽은 몸이니까 화를 낼 수가 없었겠지?).

7월 23일 오스트리아는 암살자가 세르비아인이었다는 이유로 페르디난트의 죽음에 대해 세르비아를 비난했다. 세르비아는 싹싹 빌었지만 오스트리아는 사과를 받아들이지 않았다. 이것은 **전쟁**을 의미했다.

8월 4일 독일군이 프랑스를 공격하는 길에 벨기에를 침략했고, 영국은 '불쌍한 소국 벨기에'를 돕기 위해서 참전했다.

8월 23일 동쪽에서는 독일군이 러시아군을 격파했다. 제1라운드는 독일의 승리!

9월 9일 프랑스군이 마른 전투에서 독일군을 무찔렀다. 제2라운드는 프랑스의 승리!

10월 수백만 명이나 되는 사람들이 입대를 하겠다고 몰려들었다. 사람들은 전쟁이 크리스마스 전에 끝나서 참전할 기회가 없을까 봐 걱정이 태산 같았다. 실제로 전쟁은 크리스마스 전에 끝났다. 비록 1918년 크리스마스 전이긴 했지만.

11월 22일 연합군과 동맹군은 프랑스 북부에서 서로 치고받고 싸우다가 결국 한 치도 앞으로 나가지 못했다. 양측은 서로 마주 보고 '참호'를 파고, 4년 동안 꼼짝 않고 제자리를 지켰다. 승자는 없었다. 단지 병사들만이 목숨을 잃었을 뿐.

12월 25일 양측은 하루이틀 동안 싸움을 멈추었고, 심지어는 친선 축구 경기까지 했다. 하지만 이 평화는 지속되지 않았고, 그 후에 다시 오지도 않았다.

★ 요건 몰랐을걸!

제1차 세계 대전 중에 영국에서 처음 싸움이 벌어진 곳은 런던이었다! 전쟁 선언을 이틀 앞둔 1914년 8월 2일, 평화를 외치며 런던 거리를 행진하던 시위대는 전쟁을 원하는 시민들과 충돌했다.

새빨간 거짓말

전쟁에서는 상대가 착한 사람이라고 생각하면 싸울 수 없다. 상대가 우리를 이기면 우리 할머니를 죽이고 애완동물에게 독극물을 먹일 저질이라고 믿어야 싸울 수 있다. 즉 적을 미워해야 한다.

그래서 독일은 '증오의 노래'라는 새로운 국가를 만들었다. 사람들은 길거리에서 친구를 만나면 "안녕하세요."라고 말하는 대신에 "부디 신께서 영국을 벌하시길." 하고 인사했다. 독일인은 이 문구를 편지에 찍고, 수백만 장이나 되는 엽서에 인쇄하고, 배지와 브로치에 새겼다.

한편 영국은 독일인이 작곡한 노래를 금지시켰다(어차피 전쟁이 시작하기 전에 많은 작곡가가 죽었으니까 작곡가는 화를 낼 수가 없었겠지?).

그런데 만약 상대가 나쁜 사람이 아니라면 어떻게 해야 할까? 그야 거짓말을 몇 가지 지어내서 퍼트리면 간단하지. 그래서 많은 영국인은 영국에 사는 독일 식료품 상인들이 식료품에 독을 넣고, 독일 이발사들이 손님의 목을 잘라 그 시체를 몰래 버린다고 믿게 되었다. 독일과 영국은 서로에 대해서 다음과 같은 소문을 퍼뜨렸다. 여러분은 과연 무엇이 거짓말인지 알아챌 수 있을까?

1. 영국인은 독일 군인이 괴물이라고 믿었다.

2. 독일인 역시 영국 군인이 이에 못지않게 나쁘다고 생각했다.

3. 독일인은 외국인이 죄다 스파이라고 생각했다.

4. 영국인은 동맹국조차 믿지 않았다!

5. 영국인은 자기네 나라의 사업가도 믿지 않았다.

6. 독일인은 다른 국가가 전쟁을 먼저 일으켰다고 책임을 떠넘겼다.

7. 그뿐만 아니라 독일인은 어마어마한 영웅담을 떠벌리고 다녔다.

8. 영국인은 독일에 원자재, 그중에서도 기름이 매우 부족하다고 굳게 믿었다.

9. 뿐만 아니라 영국인은 독일에 군인이 부족하다고 굳게 믿었다.

사람들은 이 이야기를 모두 믿었다. 하지만 이것은 모두 사실이 아니다. 어떤 이야기는 의도적인 거짓말이었지만, 어떤 이야기는 단순히 잘못 전해진 것이었다. 시체를 녹여서 기름을 만든다는 이야기만 해도 그렇다. 아래 이야기는 1917년 4월에 어떤 독일 신문 기자가 서부 전선에서 쓴 기사이다.

> 우리는 독일총군의 카다베르(Kadaver) 활용사업부를 지나는 중이다. 독일군은 여기서 녹인 기름으로 윤활유를 만들고, 나머지는 뼈 제분기에 넣어 가루로 만들어서 돼지 사료 혼합물을 만드는 데 쓴다. 여기서는 아무것도 버리지 않는다.

영국인은 시체를 '커대버(cadaver)'라고 불렀기 때문에, 독일군이 사람 시체를 녹여서 기름을 만든다고 생각했다. 하지만 독일어에서 '카다베르(Kadaver)'는 동물의 시체를 말한다. 독일 공장에서 기름을 만들기 위해 녹인 것은 말의 시체였다.

기름 왕

기름 추출물이 필요한 것은 영국도 마찬가지였다. 엘리스 소령(병사들은 그를 '기름 왕'이라고 불렀다.)은 '기름 추출법'을 발명해 프랑스 해안에 공장을 세웠다. 이 공장은 음식물 쓰레기, 말 시체, 동물 배설물을 가지고 기름을 만들었다. 이 기름은 해협 건너에서 글리세린(TNT 폭탄의 중요한 성분)으로 만들어졌다. '기름 왕'의 공장에서는 9000t이나 되는 기름을 생산했다.

독일군의 포탄 껍데기(군대의 '포탄 껍데기'는 해변에 널려 있는 조개껍데기와는 다르다. 포탄 껍데기는 대포에서 발사되는 거대한 폭탄이다.)에 맞아서 죽은 말이 TNT 폭탄으로 부활해서 독일군을 향해 날아간다! 어때, 진짜 완벽한 복수지?

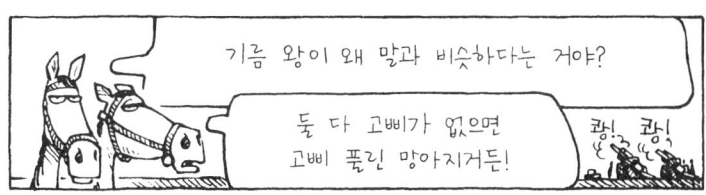

크리스마스의 명사수

제1차 세계 대전은 항공기가 사용된 최초의 전쟁이었다. 우선 한쪽이 정찰기를 보내 적군 상공으로 날아가서 적군의 진지를 사진으로 찍거나 폭탄을 투하했다. 그러면 상대는 전투기를 보내 정찰기를 격추시켰다. 바야흐로 공중전이 시작된 것이다.

항공기가 전쟁에 이용되면서 영국 본토도 외국에서 벌어지는 전쟁으로부터 더 이상 안전하지 않았다. 런던 시민들은 불과 4개월 만에 이 사실을 깨닫게 되었다.

런던 데일리 레코드 1914년 12월 26일자

적군기가 꽁무니를 빼다

조용한 크리스마스를 기대했던 런던 시민들의 바람이 무참히 무너졌다. 어제 독일 항공기 두 대가 런던 템스 강 상공에 출격했다. 우리 영국 육군 항공대의 용감한 조종사 두 명이 시간당 110km 속도로 비행하며 침입자들을 쫓아냈고, 시민들은 거리에 몰려들어 그 광경을 지켜보았다.

치즈윅의 한 주민은 기자에게 이렇게 말했다. "포격 소리를 이 두 귀로 똑똑히 들었어요. 무고한 시민이 총탄에 맞았으면 어쩔 뻔했어요?" 양측의 공중 정찰병은 서로를 향해 총을 쏘았다. 이것은 최근 들어 영국 상공에서 흔히 볼 수 있는 광경이 되었다. 다행히 아무도 다치지 않았고 무시무시한 독일군은 걸음아 날 살려라 하고 줄행랑을 놓았다. 초기의 공중 정찰병들은 적에게 벽돌을 던지는 것이 고작이었다. 하지만 총을 쏘게 되면서 많은 사람들이 목숨을 잃게 되었다.

런던 시민들은 이 불청객이 돌아올 경우를 대비해서 전등불을 꺼 두라는 명령을 받았다. 독일이 강철 다트를 발명해 항공기에서 투하한다고 하는데, 이 다트에 맞으면 머리끝부터 발끝까지 두 동강이 난다고 한다. 이 무시무시한 적의 잔인함의 끝은 과연 어디일까?

와핑의 한 가게 점원은 본지 기자에게 이렇게 말했다. "덕분에 영국인은 전쟁에서 승리하겠다는 결심을 더욱 굳히게 되었죠. 나도 오늘 우리 아들 바비를 모병소로 보낼 거예요."

벽돌 폭탄과 무시무시한 다트 이야기는 사실이다.

나중에는 항공기에 기관총이 장착되면서, 조종사는 적군의 전투기를 겨냥해 방아쇠를 당겼다. 하지만 조종사가 발사한 총탄이 자기 비행기의 프로펠러에 맞아 프로펠러를 박살 낼 위험이 있었다. 그 뒤 발명가는 시간 조절 장치를 발명해서 빙글빙글 돌아가는 프로펠러의 틈으로 총탄이 발사되도록 만들었다.

하지만 최초로 기관총을 발명한 사람은 어떻게 총탄이 프로펠러에 맞지 않고 앞으로 발사되도록 만들었을까? 여러분이 발명가라면, 어떤 방법을 생각해 낼 수 있을까?

답:
발명가는 프로펠러를 강철판으로 감쌌다. 그래서 프로펠러에 기관총 총탄이 맞으면, 튕겨져 나가게 만들었다.
아주 훌륭한 방법이지? 그리고 실제로 효과도 있었다. 독일 공군은 한두 달 동안은 연합군의 전투기 때문에 당황했고 두려움에 떨었다. 하지만 결국 연합군 전투기 한 대를 포획했고, 그 원리를 배워 그대로 따라 했다.
문제는 총탄이 프로펠러에 맞을 경우 어느 방향으로 튕겨져 나갈지 알 수가 없다는 점이었다. 재수가 없으면 조종사가 탄 전투기의 엔진에 들어가 엔진을 박살 낼 수도 있었고, 진짜로 재수가 없으면 조종사의 눈 사이를 관통할 수도 있었다!

그때부터 런던의 학부모들은 아이들이 학교에 가다가 죽어 나자빠지고 나서야 공습이 있었다는 사실을 알게 되었다.

가장 빨리 줄행랑을 친 사람은?
1914년 12월 21일, 윌리엄 길리건(41세)이 웨스트 요크셔 연대에 입대했다. 그리고 다음 날 요크에서 줄행랑을 쳤다!

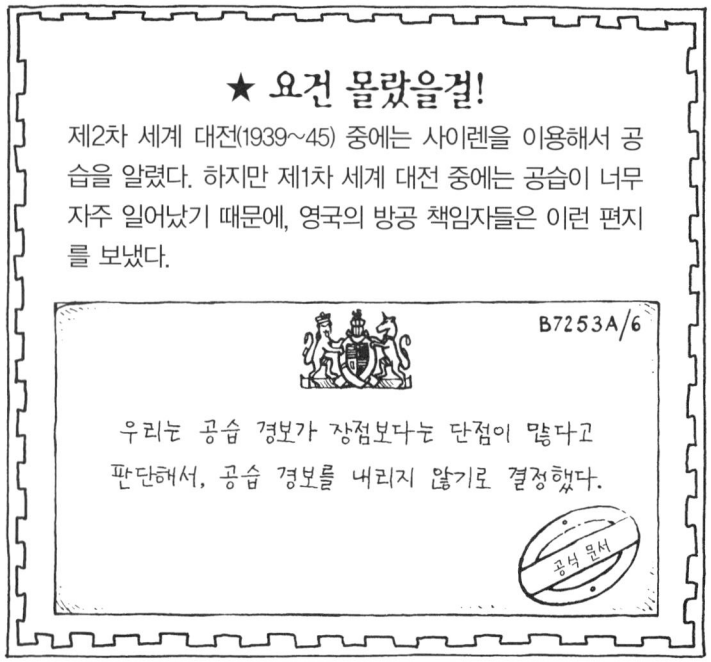

1915년, 전면전

1915년부터 땅에 참호를 파고 그 안에 들어가서 싸우는 참호전이 시작되었다. 이렇게 참호 전투가 일어난 지역을 서부 전선이라고 불렀다. 한편 전쟁은 전 세계로 확대되었다. 그뿐만 아니라 1915년에는 새로운 목표물을 죽이기 위한 신무기가 발명되었다. 이제 집 안에 가만히 앉아 있는 사람도 목표물이 되었다!

집 안에 앉아 있는 사람들은 맞서 싸우지는 못하지만, 자기 나라에 사는 외국인(외국인을 화성에 사는 조그마한 녹색 생물체 같은 외계인과 헷갈리지는 말자!)에게 화풀이를 할 수는 있었다. 그래서 런던 시민들은 이스트엔드에 있는 독일인 상점을 약탈하고, 집에 있던 독일 피아노를 길거리로 내동댕이쳤다. 사람들은 길거리 콘서트에서 애국적인 노래를 불렀다. 정부는 적국 출신 외국인의 스파이 활동을 막는 동시에 그들을 보호하기 위해서 감옥에 넣을 수밖에 없었다.

독일에서 '잘 재단된 코트, 빵빵한 지갑, 눈에 띄는 고급차'를 가진 사람은 모조리 스파이 혐의로 체포되었다. 독일에 있는 영국인들은 모조리 체포되었고, 대부분 감옥에 갇혔다.

1915년 주요 사건 연표

1월 19일 독일은 최초로 체펠린 비행선을 동원해 영국에 공습을 시작했다. 이제 여자와 어린이, 개와 고양이 들도 싫든 좋든 전쟁에 끼어들게 되었다.

2월 2일 독일은 잠수함으로 영국을 포위하고 식량 보급선을 침몰시켜 영국인을 쫄쫄 굶겨 이기겠다고 큰소리를 쳤다.

3월 18일 영국 정부는 여자들에게 전쟁 물자 생산에 참여하라고 말했다. 많은 여자들이 그렇게 했고, 남자보다 일을 더 잘 해냈다!

4월 22일 무시무시한 신무기와 독가스가 참호 안에 있는 병사들에게 처음으로 사용되었다.

5월 연합군은 터키의 갈리폴리에 상륙해서 독일군 전선 뒤를 살금살금 돌아가려고 했다. 터키가 만만한 상대라고 생각했기 때문이다.

5월 7일 독일 잠수함이 여객선 루시타니아 호를 침몰시켰다. 루시타니아 호에는 아직 참전조차 하지 않은 미국 국민 128명이 타고 있었다. 독일 친구들, 큰 실수한 거야.

6월 7일 체펠린 비행선이 프랑스 북부 플랑드르에서 격추되었다. 체펠린 비행선은 느린 속력과 거대한 기체 주머니 때문에 손쉬운 목표물이 되었다.

7월 터키는 전쟁을 구실로 아르메니아인을 지구상에서 없애려고 했다. 이것은 제2차 세계 대전에서 일어난 무시무시한 인종 학살의 예고편이었다.

8월 식량 부족이 심각해졌다. 특히 독일에서는 더욱 심각했다. 전쟁 자금을 대기 위해서 세금을 올리고 물가가 높아졌다. 영국군의 하루 전투 비용이 무려 100만 파운드에 달할 정도였다.

9월 플랑드르에서 벌어진 루 전투에서 용감한 영국 군인들이 축구공을 몰면서 적진을 향해 다가갔다. 사실 그 축구공은 총탄이었고 적진은 벌집이 되었다. 무모한 병사들의 신세도 마찬가지였다.

10월 12일 간호사 에디스 카벨이 벨기에로 도망치는 영국 포로들을 돕다가 독일군에게 붙잡혔다. 에디스는 "만일 다시 하라고 해도, 얼마든지 그렇게 하겠다."라고 말했다. 하지만 독일군에게 총살당하는 바람에 그럴래야 그럴 수가 없게 되었다.

11월 11일 영국 윈스턴 처칠 총리의 갈리폴리 작전이 비참한

실패로 끝나면서, 처칠 총리가 총리직에서 물러났다. 하지만 처칠은 나중에 다시 총리 자리에 오른다.

12월 20일 연합군은 갈리폴리 작전을 포기하고 후퇴한다. 갈리폴리 작전은 많은 피를 흘린 중대한 실수였다.

해충과 전염병

병사들을 괴롭힌 것은 적군의 무기만이 아니었다. 굼실굼실 기어 다니는 벌레와 사람 잡는 질병도 무기만큼 위험했다.

무자비한 파리 떼

1915년 여름, 갈리폴리에서는 수많은 시체를 땅에 묻지 않고 방치하는 바람에 파리 떼가 극성을 부렸다. 오스트레일리아와 뉴질랜드 연합군의 한 병사는 파리 떼에 대해서 이런 편지를 집에 보냈다.

> 어떤 놈들은 발에 통조림따개라도 달린 것 같았어요. 그 정도로 아프게 물었다니까요.

한 영국 병사는 이렇게 투덜댔다.

> 음식을 먹으려면 손을 음식 위에 대고 휘저은 다음에 얼른 베어 물어야 해. 그렇지 않으면 파리와 음식을 함께 먹게 되니까. 음식에 덮개를 씌워 두지 않으면, 몇 초 만에 파리 떼로 뒤덮여 음식이 보이지 않을 정도였다니까.

이 파리 떼는 몇 분 전에 당나귀 시체를 가지고 잔치를 벌였을 것이 분명하다. 그러니 갈리폴리에 있던 군인들이 그렇게 많은 병을 앓았던 것도 당연하다.

사람 잡는 의사들

1856년에 플로렌스 나이팅게일이 크림 전쟁에서 활약한 뒤부터, 전시의 병원은 조금이나마 안전해졌다. 그 시절에는 부상을 당하면 그 부위가 세균에 아주 쉽게 감염되었고, 총탄을 맞고 살아난 사람도 세균의 공격에 무력하게 죽어 갈 정도였다. 하지만 의사들은 아주 어리바리했다. 어떤 병사는 당시 상황을 이렇게 전했다.

오스트레일리아와 뉴질랜드 연합군의 오코너 이병이 다리에 부상을 입고 생포되었지. 그는 이스탄불로 옮겨져 아르메니아 의사에게 다리 절단 수술을 받았어. 의사는 톱으로 다리뼈를 반쯤 자르다가 너무 피곤해서 반쯤 잘린 다리뼈를 우두둑하고 두 동강 내버렸어.

오싹오싹한 응급 처치

전투가 한창일 때는 근처에 있는 약국에 잠깐 들러서 아스피린을 사거나 119에 전화해서 구급차를 부를 수가 없다. 전투 중에는 전우들끼리 서로 응급 처치를 해 주어야 했기 때문에, 병사들은 작은 응급 처치 상자를 가지고 전투에 나갔다. 그리고 응급 처치 요령이 담긴 《1915년 전장 지침서》라는 책을 받았다.

만약 여러분이 축구 경기를 하다가 다치더라도, 이 책에 적힌 영국군의 치료 요령을 따르지 않는 편이 좋겠다.

27번　　　　　　　　　　　　1915년 영국군 전장 지침서

뼈가 부러졌을 때:
우선 옷을 찢고 나서, 부러진 뼈를 조심해서 곧게 편다. 그런 다음에 소총, 신문 두루마리, 총검, 칼, 나무토막으로 부목을 만들어서 뼈를 제자리에 고정시킨다.

전투에서 부상당한 병사에게 신문 두루마리라니! 신문 두루마리가 과연 나무 부목만큼 단단할까? 신문사 앞에 서 있는 전봇대라면 또 몰라도!

독일은 1918년까지 극심한 물자난을 겪고 있었다. 그래서 당시 독일군 병사들은 주름 종이로 붕대를 만들어서 실로 묶어서 쓸 수밖에 없었다.

무서운 동상

학교에서 아주 추운 겨울날 운동을 할 때에는 동상에 걸리지 않도록 조심해야 한다(특히 영국에서 크리켓 경기 중에는 동상을 더욱 조심해야 한다). 이번에도 역시 영국군의 치료법을 따르지 않는 편이 좋겠다. 너무 끔찍한 치료법이다.

> **13번**　　　　　　　　1915년 영국군 전장 지침서
>
> **동상에 걸렸을 때:**
> 환자를 불기운이 없는 곳으로 옮겨 옷을 벗긴 뒤, 물이나 눈에 적신 천 조각으로 온몸을 빡빡 문질러 준다.

으악, 차가워!

동상 예방법은 이보다 더 심했다. 1914~15년 겨울, 영국군은 서부 전선의 병사들에게 동상 방지 기름을 1kg씩 나누어 주었다. 이 기름은 돼지기름처럼 생겼는데, 실제로도 돼지 지방이 주요 성분이었다. 1915년 이후로는 고래 기름을 항아리에 담아서 나누어 주었다. 하지만 냄새가 너무 고약해서 병사들은 거의 사용하지 않았다. 영국군은 춥거나 눈비가 오는 날씨에 정찰을 나갈 때, 장교가 병사들의 옷을 벗기고 고래 기름으로 몸을 문질러 주어야 한다는 지침을 내렸다.. 하지만 군인들 대부분은 옷 벗기를 싫어했고, 장교들 대부분은 남의 몸을 문질러 주기를 싫어했다!

무시무시한 독

영국군은 지침서에 세 종류의 독을 적어 두었다. 그중에는 '부식성' 독에 대한 희한한 응급 처치법도 있었다.

> **31a번**　　　　　　　　1915년 영국군 전장 지침서
>
> **부식성 독에 중독되었을 때:**
> 회칠된 벽이나 천장에서 떼어 낸 부스러기에 물을 섞어 마시게 한다.

벽 부스러기를 떼어 먹으라는 이야기 정도는 이제 별로 놀랍지도 않다.

끔찍한 독가스

제1차 세계 대전이 일어나면서 독가스 공격이 새롭게 등장했다. 영국군은 다음과 같은 지침을 내렸다.

가스 공격을 받았을 때:
1. 손수건을 꺼낸다.
2. 손수건이 젖을 때까지 손수건에 오줌을 흠뻑 눈다.
3. 손수건으로 입과 코를 감싼 뒤에 숨을 쉰다.

착용법 1

그런데 오줌이 안 나오면 어떻게 해야 할까?

화약의 여러 용도

임무에서 빠지기 위해서 꾀병을 부리려면 어떤 방법이 좋을까? 그거야 소총 총탄에서 화약을 빼내서 씹으면 된다. 화약을 씹으면 심한 열이 났다가 금세 가라앉기 때문이다.

먹음직스러운 이

갈리폴리 전투에서 병사들은 몇 주 동안이나 옷을 갈아입을 수가 없었다. 한 오스트레일리아 병사는 몇 주 만에 양말을 벗었다가 그만 끔찍한 광경을 보게 되었다.

> 엄마, 양말을 바닥에 벗어던졌더니 양말이 꼬물꼬물 움직이지 않겠어요! 양말 속에 이가 우글거리고 있었던 거예요!

참호에서 지내던 병사들은 무료한 시간을 보람 있게 보내는 방법으로는 '잡기'가 최고라는 사실을 알게 되었다. 병사들이 말하는 '잡기'는 잡다한 놀이나 기술이 아니라, 옷에 숨어 있는 이를 잡는 놀이를 말한다.

어떤 병사는 이를 자기 몸에 침입한 군대에 비유했다.

밤을 지배하는 작은 병사들

수백을 죽였는데도,
아직도 수백이 남아 있네.
여러 겹 층을 만들어
감쪽같이 몸을 숨기기 때문이네.
그리고 무시무시한 이빨로 살을 깨물며
놀라운 식욕을 자랑하네.
가족만 수십 명이라네.
삼촌, 엄마, 누나, 사촌도 있네.
부부 침실도 있네.
부부 침실에서는 아들딸을 키우네.
쉬지 않고 병사들은 잡아야 하네.
그러지 않으면 온몸이 가려우니까.

독일 군인들은 피를 빨아먹는 이 친구들을 처단하는 방법을 한 가지 알려 주었다. 우선 군화 광택제 깡통 뚜껑을 철사에 매달아 촛불로 달구었다. 깡통 뚜껑이 빨갛게 달구어지면 그 위에 이를 떨어뜨리고, 이가 지글거리며 타는 소리를 들으면서 좋아했다.

★ 요건 몰랐을걸!
영국군을 괴롭힌 이는 연한 황갈색이었지만, 독일군의 몸에는 빨간색 이가 살았다. 이 두 품종을 교배했다면, 예쁜 분홍색 이가 태어났을 텐데!

오금 저리게 무서울 때는

목숨이 위태로워지면 우리는 '미신'을 믿게 된다. 그래서 위험에 빠진 사람들은 미신에 빠진다. 제1차 세계 대전에서도 새로운 미신이 몇 가지 탄생했다.

터무니없는 미신 숭배
방탄 성경
갑자기 소형 신약성경이 수만 부씩 불티나게 팔리기 시작했다. 성경이 날아오는 총탄을 막아 준다는 이야기가 떠돌면서, 아들을 걱정하는 영국 엄마들이 성경을 사들였기 때문이다. 성경으로 '힘이 빠진' 총탄을 막은 사례가 한두 번쯤 있었을지도 모르겠다. 하지만 성경은 포탄과 기관총 총탄을 막는 데는 아무 효과가 없었다.

신이 선택한 민족

양측은 저마다 자기네가 착한 편이라고 생각했다. 그러니까 신이 자기편이라고 생각했다는 뜻이다. 심지어 독일 병사들은 '고트 미트 운스(신은 우리 편이다)'라는 문구가 새겨진 허리띠 장식을 차고 전투에 나갔다. 영국 병사들은 '운스'라는 단어를 보고 자신들의 생각이 옳았다고 확신했다. 영국 병사는 야만인 '훈스(Huns: 원래는 훈족이란 뜻인데, 독일군을 경멸하여 이렇게 부르기도 했음.)'를 상대로 싸우고 있었던 것이다! 그리고 많은 사람들은 신이 총탄에 맞을 사람과 맞지 않을 사람을 이미 점지해 두었다고 생각했다. 그러니까 마음 놓고 기관총을 장전해서 전쟁터로 나간 거겠지. 전쟁이 끝나고 나서 어떤 군인은 이렇게 말했다.

그토록 무수한 총알이 나를 비껴가는데 얼마나 놀랐는지 몰라!

하지만 무엇보다도 위험한 미신은 '기도를 하면 총알도 비켜 간다' 라는 믿음이었다. 그리고 신이나 행운을 믿지 않는 군인 일지라도 다음과 같은 '상식적인 충고'는 믿었다. 병사들은 참호 안에서 이런 글을 돌려 보았다.

> 우리는 걱정할 게 하나도 없다
>
> 군인이 있는 곳은 다음 중 하나다.
> 위험한 장소 아니면 안전한 장소.
> 안전한 장소에 있다면, 걱정할 게 없다.
> 위험한 장소에 있다면, 다음 중 하나다.
> 부상당하거나 부상당하지 않았거나.
> 부상당하지 않았다면, 걱정할 게 없다.
> 부상당했다면, 중상 아니면 경상이다.
> 경상이라면, 걱정할 게 없다.
> 중상이라면, 다음 중 하나다.
> 죽거나 아니면 회복하거나.
> 회복한다면, 걱정할 게 없다.
> 죽는다면, 걱정할 수조차 없다.
> 우리는 어떤 상황에서도 걱정할 게 없다.

담배 세 개비

성냥 하나로
담배 세 개비에
불을 붙이지 말 것!

참호에서 이런 짓을 하는 것은 매우 위험한 행동이었다. 적군 저격병이 노려보고 있을지도 모르니까. 저격병은 첫 번째 불빛을 보고 여러분이 있는 위치를 알고, 두 번째 불빛을 보고 총을 조준하며, 세 번째 불빛을 보고 방아쇠를 당긴다.

마스코트

동물은 행운을 가져다준다. 각 연대는 동물을 마스코트로 사용했다. 불독은 '강하다'라는 의미로 쓰고, 염소는 '두려움을 모르고 정면으로 돌격한다'라는 의미로 썼다. 그렇다면 여러분의 학교 마스코트로는 무엇이 좋을까?

하지만 스코틀랜드 근위 연대는 독특하게도 암소를 마스코트로 선택했다. 1914년 말 스코틀랜드 근위 연대는 플랑드르의 이프르(영국 병사들은 이프르를 '와이퍼스'라고 불렀다.) 근처에서 암소 두 마리를 발견했다. 이곳에서 포탄 공격을 받은 소 떼 중에서 이 암소 두 마리만 유일하게 살아남은 것이다. 병사들은 암소에게 벨라와 버사라는 이름을 지어 주고 암소를 연대 마스코트로 삼았다. 벨라와 버사는 참호에서 지내는 병사들에게 신선한 우유를 주었고, 전쟁이 끝난 뒤에는 스코틀랜드로 떠나 여생을 편안히 보냈다. 그리고 스코틀랜드 근위 연대가 런던에서 전승 축하 행진을 벌일 때는 병사들과 두 암소가 나란히 행진하기도 했다.

산산조각난 성모 마리아

플랑드르 지방 알베르의 한 교회 꼭대기에 성모 마리아의 황금상이 서 있었다. 그런데 1915년 초에 교회 탑이 포탄에 맞으면서 성모 마리아상이 쓰러졌다. 하지만 용케 땅에 떨어지지 않고 탑에 대롱대롱 매달려 있었다. 몇 달 동안 전쟁이 지루하게 계속되었지만 성모 마리아상은 그 자리를 지켰다. 알베르 지방을 방어하던 영국 군인들은 이상한 미신을 만들어 냈다.

만일 성모 마리아상이 떨어지면 영국 병사의 사기가 크게 떨어질 터였기 때문에, 영국군은 성모 마리아상을 강한 밧줄로 묶어서 대롱대롱 매달아 놓았다. 독일군은 3년 동안 성모 마리아상을 떨어뜨리지 못했고, 전쟁은 3년 동안 계속되었다.

드디어 1918년에 독일군이 마을을 점령하고 교회 탑 꼭대기를 관측소로 이용하기 시작했다. 독일군은 높다란 교회 탑 꼭대기에서 영국군을 향해 포격을 지시했다. 결국 영국군은 반격을 하다가 탑을 파괴하고 성모 마리아상을 땅에 떨어뜨렸다. 독일군은 만세를 불렀다.

그리고 정말 기막힌 일이 일어났다. 그 뒤 얼마 지나지 않아서 전쟁이 끝난 것이다. 하지만 전쟁에서 진 쪽은 독일이었다.

재미난 사실: 영국군이 성모 마리아상을 떨어뜨린 뒤에 성모 마리아상이 감쪽같이 사라졌다. 아마도 독일군이 가져다가 녹여서 무기로 만들었을 것이다.

전쟁이 끝나고 나서, 알베르 마을과 교회는 다시 세워졌다. 지금은 원래의 성모 마리아상을 똑같이 복제한 성모 마리아상이 교회 꼭대기에 서 있다. 그런데 어떤 사람이 전쟁 때의 그 유명한 포즈로 성모 마리아상을 세우자는 의견을 냈다.

알베르 마을 주민들은 이렇게 외쳤다.

"안 돼요!"

유령 이야기

제1차 세계 대전에서 그렇게 많은 사람들이 죽었으니 유령 이야기가 많이 떠돈 것도 무리가 아니다. 1916년에는 죽은 사람과 이야기하는 능력이 있다고 주장하는 '심령술사'가 엄청나게 많아졌다.

1916년 후반(전투 첫날에만 영국군 2만 명이 사망한 솜 전투가 벌어진 후) 영국에서는 심령술이 크게 유행했고, 많은 엄마들이 심령술사를 통해 죽은 아들을 만나려고 했다. 수많은 가짜 심령술사가 체포되어 감옥에 갔지만, 심령술 열풍은 계속되었다.

심령술사는 왜 죽은 아들을 둔 엄마에게 거짓말을 하고, 죽은 사람과 이야기하는 능력이 있는 척했을까? 그야 당연히 돈 때문이다. 1916년 12월에 가짜 심령술사 알미라 브록웨이가 재판을 받으면서, 알미라가 일주일에 25파운드가 넘는 돈을 받았다는 사실이 드러났다. 당시에 군수 공장 노동자는 일주일에 48시간씩 일하고도 겨우 1파운드밖에 받지 못했다.

다른 사람의 불행과 고통을 이용해 돈을 벌려는 사람들은 늘 있다. 하지만 오금 저리게 무서운 이야기에는 사기꾼 말고도 뭔가 다른 이야기가 있다. 자, 다음 이야기를 읽어 보자.

몬스락타리우스 전투의 유령 부대

1914년 8월, 영국군은 독일군의 진격을 막기 위해서 벨기에 남부에 도착했다. 영국군은 진격해 오는 적에게 밀려 마구잡이로 죽임을 당했다. 초기 공격에서만 1만 5000명이 넘는 영국군이 죽었다. 하지만 일부 병사들은 살아남았고, 이것이 기적 덕분이라는 이야기가 떠돌았다.

아서 메이첸 기자는 이 소문을 짧은 이야기로 만들었다. '궁수'라는 제목이 붙은 이 이야기의 내용은 1415년 아쟁쿠르 전투에 참전했던 영국 영웅들이 영국군을 구하려고 나타났다는 것이었다(아쟁쿠르 전투는 이 마을 근처에서 벌어졌다). 메이첸의 이야기는 몬스락타리우스 전투가 일어난 후 몇 주 동안 〈런던 이브닝 뉴스〉에 실렸고, 많은 영국인들이 이 이야기를 믿었다. 그리고 이 전투에서 살아 돌아온 일부 군인들도 이 이야기가 사실이라고 맞장구를 쳤다.

메이첸이 모두 꾸며 낸 이야기라고 실토한 뒤에도, 유령 부대가 영국군을 구했다고 믿는 사람들이 여전히 있었다.

해설: 몇몇 종교인은 이 유령 부대가 몬스락타라우스 전투에서 죽은 병사들의 혼령이라고 말했다.

몇몇 의사는 연합군 병사들이 공포와 고통과 피로 때문에 스트레스를 받아서 환영(백일몽)을 본 것이라고 믿었다.

하지만 그중에서 가장 희한한 이야기는 자신이 천사를 만들었다는 독일 방첩대장 프리드리히 헤르첸비르스의 주장이었다. 그는 영사기가 설치된 비행기를 하늘에 띄우고, 영사기로 천사 영상을 낮게 깔린 구름에 비추었다고 말했다. 그는 신이 자기편이라고 믿는 독일 병사를 부추기려고 이런 행동을 했다고 한다.

몬트로즈의 유령

1917년 10월, 스코틀랜드 몬트로즈의 비행장에서 유령이 목격되었다. 한 목격자는 이렇게 말했다.

비행장의 오래된 숙집 안으로 유령이 스르르 걸어 들어오더니 눈 깜짝할 사이에 사라졌어.

그 뒤에도 수많은 장교들이 유령을 보았다고 주장했다. 그들은 이 유령이 비행 사고로 죽은 데스몬드 아서 중위라고 굳게 믿었다. 왜 우수한 공군 장교였던 데스몬드 중위가 사고 현장을 배회했을까?

데스몬드가 사고로 죽자 공군은 공식 사고 조사에 나섰고, 모든 책임을 데스몬드 아서에게 떠넘겼다. 공군은 이렇게 발표했다.

데스몬드 아서가 죽은 것은 본인의 어리석음 때문이다.

하지만 다른 장교들은 아서 중위가 훌륭한 조종사라는 사실을 알고 있었다. 동료들은 이렇게 모욕적인 조사 결과 때문에 아서의 영혼이 고통을 받는다고 믿었다. 그리고 2차 사고 조사로 아서의 명예가 회복되기 전까지 그의 혼령은 편히 쉬지 못할 것이라고 생각했다.

그래서 공군은 2차 사고 조사를 했고, 이렇게 발표했다.

> 데스몬드 아서의 사망 사고는 기체 결함 때문이다.

데스몬드의 유령은 1917년 1월에 비행장 부근 술집에 마지막으로 나타났고, 그 뒤 다시는 보이지 않았다.

해설: 공군이 죽은 데스몬드 아서에게 사고의 책임을 떠넘기자 그의 동료들은 화가 났다. 아서의 동료들은 신문의 관심을 끌기 위해서 유령 소문을 만들어 냈다. 이 이야기는 대중의 흥미를 끌어 대중은 진실을 알아야겠다고 주장했고, 공군은 사고 원인을 다시 조사했다.

그게 아니라면, 아서의 유령은 주로 술집에서 시간을 보냈던 것처럼 보인다. 혹시 사람들이 술에 취해서 헛것을 본 것은 아닐까?

솜 전투의 유령

군인들은 병원에서 자신의 경험담을 즐겨 이야기했다. 그중에는 정말 괴상하고 불가사의한 이야기도 있었다.

솜 전투에서 한 대위님이 있었는데 말이야. 키가 크고 잘생긴 데다가 뛰어난 지휘관이었지. 그런데 어느 날 병사들이 포탄 구멍에 빠져 갇힌 거야. 대위님이 그 병사들을 찾아서 구해 줬지. 병사들이 두려워하자, 대위님은 이렇게 말했어.

두려워할 것 없다. 너희들이 곤경에 빠질 때마다 내가 나타나서 구해 줄 테니까.

대위님은 언제나 우리를 구해 줬어. 언제나 말이야. 그러다가 결국은 큰일이 났지. 대위님은 솜 전투에서 병사들을 구하다가 죽었어. 우리는 형제를 잃은 것처럼 목을 놓아 울었지. 그리고 내가 후임 소대장이 됐어. 우리는 알베르 전투에서 곤경에 빠졌지. 완전히 끝장이었어! 그때 뒤를 돌아보았더니 대위님이 초롱초롱한 눈에 밝은 미소를 짓고 서 있는 거야.

월리스, 비록 위험천만한 상황이지만, 자네가 날 따른다면 우린 무사할 거네.

그래서 나는 대위님이 시키는 대로 소대원을 이끌었지. 그리고 놀랍게도 우리가 안전한 곳에 도착하자마자 대위님은 사라졌어! 이 이야기를 어떻게 생각해?

해설 : 병사들은 병원에서 심심했을 것이다. 그래서 경쟁적으로 재미난 이야기를 하려고 했을 것이다. 그런데 진짜 이야기가 별로 재미가 없다면 지어내면 그만이지! 어차피 꾸며 낸 이야기라는 것을 증명할 방법도 없을 테니 말이다.

아니면, 죽은 대위와 비슷하게 생긴 장교의 도움을 받아서 위험을 면했을 수도 있겠다. 그리고 도와준 사람의 모습이 보이지 않자 유령을 보았다고 생각했는지도 모른다.

아니면, 죽은 대위가 유령이 되어 병사들을 보호했을 수도 있다. 그는 병사들의 수호천사가 되었는지도 모른다.

죽은 시인의 발자국

제1차 세계 대전의 희생자 가운데 유명한 사람으로는 루퍼트 브룩이라는 시인이 있었다. 그는 전쟁의 영광에 대한 시를 썼다 (전쟁의 끔찍함을 직접 보지도 못한 사람이 이런 시를 쓰다니 정말 어처구니가 없다. 하지만 영국 사람들은 그의 시가 진실이라고 믿고 싶었다).

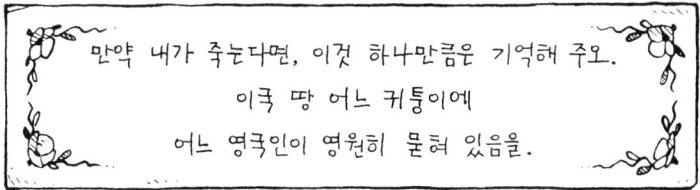

만약 내가 죽는다면, 이것 하나만큼은 기억해 주오.
이국 땅 어느 귀퉁이에
어느 영국인이 영원히 묻혀 있음을.

루퍼트는 케임브리지 근처에 있는 그랜체스터 사제관에 살았고, 이 사제관에 대한 유명한 시도 남겼다(이 시의 제목은 '옛 사제관, 그랜체스터'이다. 시의 제목을 왜 이렇게 지었는지 알아맞혀 보라. 물론 정답을 맞혀도 상금은 없다!).

루퍼트는 갈리폴리 전투에 참전하기 위해서 길을 나섰지만, 그곳에 도착하지 못했다. 1915년 4월에 루퍼트는 벌레에게 입술을 물려 패혈증으로 죽었다(이 닦는 것을 잊어버린 더러운 벌레에게 물렸나 보지. 이것은 루퍼트가 상상했던 영광스러운 죽음과는 거리가 멀었을 것이다). 그건 그렇고 '루퍼트라는 영국인이 영원히 묻힌 이국 땅의 어느 귀퉁이'는 그리스 스키로스 섬에 있는 올리브 과수원이다.

전쟁이 끝나자, 코프랜드라는 의사가 루퍼트가 머물던 그랜체스처 사제관의 방으로 이사를 왔다. 어느 추운 날 저녁, 그는 불독을 발치에 두고 불 옆에 앉아서 책을 읽고 있었다.

집주인은 코프랜드 박사에게 루퍼트 브룩이 죽은 4년 전부터 발자국 소리가 들렸다고 말했다(4년 동안 그렇게 걸어 다녔으면 발이 얼마나 아팠을까!).

해설: 개가 들은 것은 강도의 발자국이었다.
아니면, 루퍼트는 '이국 땅의 어느 귀퉁이'가 마음에 들지 않아서 집으로 돌아왔는지도 모른다.

아니면, 그랜체스터 사제관의 집주인은 유명 인사인 루퍼트가 아직도 자기를 기억한다고 믿고 싶었는지도 모른다. 하지만 평범한 조지프 블로그가 아니라 하필이면 '유명한' 루퍼트 브룩만 유령이 되어 돌아왔다는 점이 이상하지 않은가?

아니면, 그 유령은 어쩌면 루퍼트가 아니라 조지프 블로그였는지도 모른다! 이것은 그다지 이상한 일도 아니다. 그랜체스터 교회 묘지에는 제1차 세계 대전에서 죽은 주민을 위한 기념비가 있었다. 기념비 발치에는 보통 꽃이 놓여 있었는데, 유
명한 루퍼트를 기억하는 시 애호가들이 가져다 놓은 것이었다. 이건 좀 불공평하지 않은가?

용감하게 죽어 간 다른 사람들은 참 억울하지 않았을까? 그래서 자기를 잊은 사람들에게 복수하기 위해서 유령이 되어 사제관을 떠돈 게 아닐까? 기념비를 자세히 살펴보면 거기에 적힌 이름이 대여섯 개쯤 보일 것이다. 그리고 사람들에게 잊힌 이름 중에는 '조지프 블로그'라는 이름이 있다.

멍청한 스파이

제1차 세계 대전이 일어나기 훨씬 전부터 유령이 떠도는 곳들이 있었다. 하지만 전쟁이 일어난 뒤 새로운 유령들이 생겨났다. 오래된 런던탑만 해도 그렇다. 런던탑은 제1차 세계 대전 때 끔찍한 용도로 사용되어 역사에 길이 남게 되었다.

런던탑의 공포

"마지막 소원이 있나?"

소령이 낡은 검정 양복을 입은 젊은 남자에게 물었다.

"네, 총살당하기 전에 마지막으로 제 바이올린을 켜고 싶습니다."

소령은 고개를 끄덕이고는 철문을 열어 밖에 있는 간수에게 외쳤다.

"사무실에서 페르디난트 부시만의 바이올린을 가져오게."

소령은 죄수를 쳐다보며 말했다.

"영광인 줄 알게, 페르디난트. 자네는 수백 년 만에 처음으로 런던탑에서 처형되는 사람이 될 테니까."

젊은 남자는 희미한 미소를 지으며 대답했다.

"독일을 위해 죽는 게 더 큰 영광이죠."

"그래도 죽는 것보다는 사는 것이 낫지 않을까?"

소령은 나무 의자를 침대 곁으로 끌고 가서 독일 스파이를 마주 보고 앉았다.

"물론 독일에 있는 아내와 아이는 고통을 겪겠지요. 제가 이렇게 잡힌 것은 후회스럽지만, 조국을 위해 스파이가 된 것은 후회하지 않습니다."

그는 침착하게 말했다.

소령은 딱하다는 듯이 고개를 흔들었다.

"자네를 여기로 보내서 죽게 만든 것은 자네 조국일세."

"아니요. 스파이 노릇을 하라고 보낸 것뿐입니다."

"하지만 허술하게 준비해서 보내는 바람에 자네를 잡히게 만들지 않았나?"

"아닙니다."

죄수는 인상을 찌푸렸다.

소령은 상체를 앞으로 기울이며 낮은 목소리로 말했다.

"어차피 자네는 해질녘에 죽을 테니 이 이야기를 들려주어도 손해날 건 없겠지. 자네는 로테르담에 있는 스파이 학교에서 훈련을 받았네. 스파이 학교의 교장은 플로레스였지."

"그런가요?"

"다 알고 있으니 시치미 뗄 필요 없네!"

소령은 한숨을 쉬었다.

"플로레스는 자네에게 자필로 쓴 여권을 쥐어 주며 여기로 보냈지. 우리는 그자의 필체를 즉시 알아봤네."

젊은 스파이의 얼굴에 처음으로 의심하는 듯한 찡그린 표정이 스쳤다. 소령은 말을 이었다.

"그자는 자네를 스트랜드에 있는 호텔로 보냈지. 그곳은 그가 모든 비밀 스파이를 보내는 곳이지. 그리고 자네에게 이렇게 행동하라고 일러 주었어. 치즈, 바나나, 면도기, 감자를 파는 판매원 행세를 하라고 말이야. 그런데 자네는 그런 일에 대해서는 거의 모르잖아!"

스파이는 패배를 인정하는 듯 고개를 약간 떨구었다.

"저는 최선을 다해 보고서를 작성해서 보냈어요."

스파이가 중얼거렸다.

"런던에서는 저녁 8시에 탐조등을 켰다가 체펠린 비행선이 나타나지 않으면 저녁 10시 30분에 다시 끈다고 했더군. 그건 목숨을 걸 만한 대단한 비밀이 아니지."

"제가 보낸 보고서 내용을 아시나요?"

"당연하지! 자네는 네덜란드 로테르담에 있는 학교 교장에게 암호로 된 보고서를 보냈지. 그 학교 교장은 영국의 스파이라네. 자네는 아마추어야, 페르디난트. 자네를 쏘는 건 우리겠지만, 자네를 죽인 사람은 자네 상관이야."

그때 문을 두드리는 소리가 들리더니 간수가 소령에게 바이올린을 주었고, 소령은 페르디난트 부시만에게 바이올린을 건네주었다. 그 뒤 3시간 동안 달콤하고 구슬픈 가락이 런던 탑의 낡은 벽을 감싸고 울려 퍼지면서, 오래전에 죽은 죄수들의 혼령을 깨웠다.

철창을 통해서 하늘이 서서히 밝아졌고, 바깥 복도에서 징 박은 구두의 달가닥거리는 발자국 소리가 들렸다. 죄수는 마지막 가락을 연주했지만, 선율은 이미 흔들리고 끊기기 시작했다. 소령은 "좋은 곡이군."이라고 말했다.

"〈팔리아치〉라는 오페라죠. 마음에 상처를 입은 한 광대에 관한 이야기입니다. 어쩌면 제가 그 광대인지도 모르죠."

스파이는 바이올린을 들어서 바이올린에 입을 맞추었다.

"안녕, 이제 네가 필요 없게 됐구나."

그리고 아끼던 바이올린을 딱딱한 침대 위에 놓은 뒤 등을 꼿꼿이 펴고 문 앞에서 기다리는 사람들을 쳐다보면서 "준비됐습니다."라고 말했다.

1915년 10월 19일 아침, 페르디난트 부시만은 8명의 총살 집행대원들 앞에 섰다. 그는 신사답게 죽고 싶다면서 눈가리개를 쓰지 않았다. 제1차 세계 대전에서 페르디난트 부시만을 포함해서 어리바리한 아마추어 독일 스파이 11명이 런던탑에서 처형되었다. 그리고 열두 번째 독일 스파이는 완즈워스 감옥에서 참수되었다.

1997년 11월 13일, 런던의 한 경매 시장에서 이 사건과 관련된 편지와 문서가 팔렸다. 그중에서 가장 슬픈 편지는 페르디난트 부시만의 아내가 변호사 헨리 개릿에게 보낸 편지였다.

> 개릿 씨 보세요.
>
> 제 남편의 마지막 순간에 대해서 자세히 알려 주시면 고맙겠어요. 남편이 마지막 순간까지 바이올린을 가지고 있도록 허락을 받았는지요? 심하게 고통 받았나요? 제가 찾아가서 울 수 있는 묘지가 런던에 있나요? 제 유일한 소원은 사랑하는 남편이 잠든 곳에 찾아가 그곳에서 잠드는 것뿐입니다.

제1차 세계 대전에서는 수많은 사람들이 수많은 방식으로 죽임을 당했다. 페르디난트 부시만은 그렇게 죽은 사람들 가운데 한 명이었을 뿐이다.

어리바리한 스파이

영국에는 제1차 세계 대전이 일어나기 전부터 독일 스파이들이 득실거렸다. 독일은 언젠가 이 전쟁이 일어날 것으로 예상했기 때문이다. 한편 영국은 1908년이 되어서야 비로소 스파이를 잡는 비밀첩보부*를 설치했다. 1908년에 비밀첩보부 요원은 버넌 켈 대위밖에 없었고, 제1차 세계 대전이 시작된 1914년에 버넌 켈 대위가 거느린 요원은 겨우 9명이었다. 하지만 비밀첩보부는 임무를 충실히 수행해서 전쟁이 시작되자마자 21명이나 되는 스파이를 체포했다.

비밀첩보부는 멍청한 독일 스파이로부터 많은 도움을 받았다. 사실 독일 스파이들은 매우 어리바리했다. 그들은 영국에서 일하는 독일인에게서 정보를 얻었는데, 소문을 많이 듣는 미용사와 술집 주인이 주요 정보원이었다. 그리고 독일인 선생님도 정보원 노릇을 했다고 한다(그런데 여러분이라면 선생님을 믿겠는가?)!

독일 스파이는 다음과 같은 암호를 사용했다.

- 달걀 = 보병
- 연유 = 기병
- 마가린 = 총
- 네덜란드 치즈 = 전투함

---

*비밀첩보부는 1916년에 MI5(군사정보국 제5과)로 이름을 바꾸었고, 그 이름으로 널리 알려졌다. 요원의 수는 점차 늘어서 제1차 세계 대전이 끝날 무렵에는 무려 844명에 달했다.

• 바닷가재 통조림 = 어뢰정

암호란 깨뜨리기 어려운 것이지만(하긴 '달걀'은 깨뜨리기가 쉽겠다), 독일 스파이들이 진짜로 사용했던 아래의 암호는 제임스 본드가 아니라도 충분히 해독할 수 있다. 아래의 암호가 무슨 뜻인지 보기에서 찾아볼까? 우리의 멍청한 스파이는 단어에 많은 단서를 남겨 두었다!

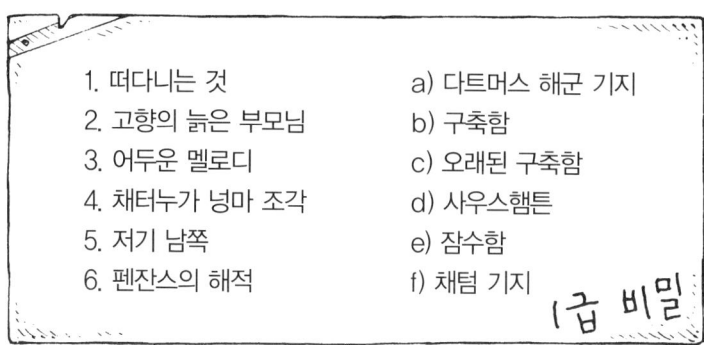

1. 떠다니는 것
2. 고향의 늙은 부모님
3. 어두운 멜로디
4. 채터누가 넝마 조각
5. 저기 남쪽
6. 펜잔스의 해적

a) 다트머스 해군 기지
b) 구축함
c) 오래된 구축함
d) 사우스햄튼
e) 잠수함
f) 채텀 기지

1급 비밀

답:
1.e) 2.c) 3.a) 4.f) 5.d) 6.b)

이제 장수를 확인해 볼까?
자기 남쪽 = 사우스햄튼 채터누가 = 채텀. 옛깨, 어림잡지 아무라이 6명까지 중에서 6개를 알아맞혔다니. 좀 쉬운 것 같다. 뜨는 것은 잠수함이야. 늙은 부모님이 파이크 룰 수 있는 곳은 잠수함 밑부분이야. 체리 웅장한 멜로디는 그 음에서 왕곡되어 잠자리 중에서 우두머리는 잠수함이다.

아무래도 문제가 너무 쉬웠던 것 같다. 그렇다면 다음의 잠깐 퀴즈를 풀어 보자.

교활한 스파이

다음 이야기 중에서 참인 것은 무엇일까?

1. MI5 요원들은 여자 안내인을 이용해서 편지를 전달했다. 하지만 이 안내인들은 편지를 읽지 않겠다고 약속해야만 했다.

2. 독일 스파이 노릇을 하던 한 미국인은 양말 테스트를 받고 곧바로 체포되었다. 양말을 물에 담그자 눈에 보이지 않는 잉크가 나타났던 것이다.

3. 어떤 독일 스파이는 포츠머스에서 군함에 대한 정보를 제공하는 사람에게 5파운드를 준다는 포스터를 붙였다.

4. 독일에서 활동하던 영국 스파이는 이런 명령을 받았다. "만일 누군가가 너에게 관심을 보인다면, 너는 결국 그 사람을 죽여야 할 것이다. 그러니까 시간 낭비하지 말고 즉각 그 사람을 해치워라."

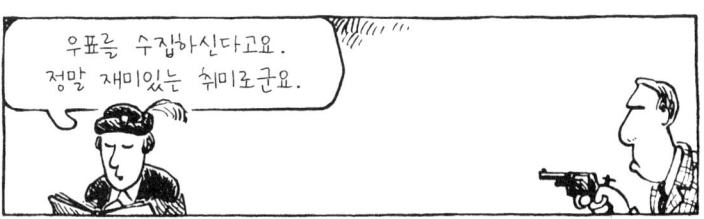

답:

풀이 아닐까 혹은 돌발적 이야기다. 그리고 혹은 것이다. MI5의 오랫동안 여자 안전요원 이용해인을 이상했다(여자 인테이커 또는가사하이지만 배가를 더 잘 수 있기 때문이다). 반면에 있는 않고 오랫동안 친했다. '정인 답이 한', 를 받았다. 1997년 11월, MI5가 마침내 미일 바기내어크 일반대 공동불을 사람들이 발표했다.

1916년, 무시무시한 솜 전투

1914년, 수백만 명이 조국을 위해, 싸우기 위해 입대하려고 몰려들었다. 1916년이 되자 군인들은 훈련을 받고 역사상 최대 전투가 일어나는 곳으로 떠날 준비를 마쳤다. 이 전투지는 프랑스 북부 솜 강 근처에 있었다.

이것은 제1차 세계 대전을 완전히 끝낼 수 있는 전투였다! 실제로 수백만 명의 포로, 부상자, 사망자 들에게 전쟁은 끝이 났다. 그러나 나머지 사람들에게 이 전쟁은 아직 끝난 것이 아니었다.

1916년 주요 사건 연표

1월 25일 영국에서 '징집'이 시작되었다. 이것은 건강한 독신 남성은 좋든 싫든 군에 입대해야 한다는 의미였다.

2월 프랑스와 독일은 프랑스 동북부의 베르됭에서 역사상 가장 긴 전투를 시작했다. 빅 베르타(여자 이름이 아니라 1t짜리 포탄을 발사하는 대포 이름)조차도 독일군에 승리를 안겨 주지는 못했다.

3월 독일 병사들은 보급품을 절약하기 위해 일주일 중 하루는 굶으라는 명령을 받았다. 하지만 장교들은 날마다 잘도 먹어댔다!

4월 24일 아일랜드가 영국의 지배에 반기를 들고 더블린 우체국을 점거하려고 했다! 영국은 즉시 아일랜드의 반란을 진압했다!

5월 제1차 세계 대전의 유일한 해전이 유틀란트 반도에서 벌어진 전쟁이다. 독일은 승리를 거두었지만, 다시는 영국 해군과 싸우려고 하지 않았다.

6월 5일 '여러분의 조국은 여러분이 필요 합니다!' 라는 포스터가 100만 장이나 발행되었고, 키치너 경의 얼굴이 포스터를 장식했다. 그러나 오늘 키치너 경은 타고 있던 배가 수뢰에 부딪치는 바람에 사망했다.*

7월 1일 솜 전투가 시작되었다. 영국군과 독일군의 비율은 7대 1이었고……독일군이 한 명 죽을 때마다 영국군은 일곱 명씩 쓰러졌다. 이렇게 피를 많이 흘린 무승부가 있을까?

8월 10일 솜 전투가 아직 끝나지도 않았는데, 영국 극장에서는 〈솜 전투〉라는 제목의 무시무시한 뉴스가 상영되었다. 이 뉴스는 2000만 명의 영국 관객에게 충격을 주었다.

---

*1930년에 독일의 방첩대장은 자신이 키치너 경의 암살을 계획했다고 말했다. 그는 영국의 적인 아일랜드인을 시켜서 키치너 경이 타고 있던 배에 몰래 폭탄을 설치한 다음에 폭탄이 폭발하는 모습을 해안에서 지켜보았다고 주장했다. 하지만 그의 말을 믿지는 말자. 범인은 수뢰였다!

9월 15일 영국의 새로운 슈퍼 무기인 전차 '윌리'가 전쟁에 등장했다. 다행히도 누군가가 그 이름을 '탱크'라고 고쳐 불러서, 다음과 같은 끔찍한 농담이 생겼다.

문제: 세탁물 건조 선반에 파리 두 마리가 있었다. 이 중에서 어떤 파리가 군대 소속일까?

답: 물탱크 위에 앉은 파리.

10월 영국 선거에서 '평화'를 주장하는 후보가 전쟁을 지지하는 후보에게 큰 차이로 졌다. 엄청난 희생과 피해에도 불구하고, 영국인은 아직 평화를 원하지 않았다.

11월 14일 솜 전투가 끝났다. 연합군과 독일군의 사망자 수는 130만 명이 넘었다. 연합군은 약 10km를 전진했다. 1km마다 13만 명이 죽은 셈이니까 정말 비싼 땅이다.

12월 7일 로이드 조지가 영국 총리가 되었다. 애스퀴스 전임 수상은 "나는 그를 믿지 못하겠다."라고 말했다.

우스꽝스러운 진실

영국군이 솜 전투에서 대공세를 펼친 1916년 7월 1일, 한 병사가 전령 비둘기를 바구니에 넣어 전선으로 가져가는 임무를 맡았다. 첫 번째 목표를 달성하고 나면, 장교가 비둘기 다리에 편지를 묶어 본부로 보낼 예정이었다.

본부에서는 비둘기가 도착하기만을 몇 시간 동안이나 눈이 빠지게 기다렸다. 드디어 비둘기가 도착했다. 사령관은 편지를 달라고 외쳤고, 병사들은 사령관에게 편지를 건네주었다.

사령관이 편지를 뜯자, 다음과 같은 글이 적혀 있었다.

"이 빌어먹을 비둘기를 모시고 프랑스 전역을 돌아다니는 일에 완전히 질렸어요."

황당한 도라

도라는 누구였을까? 도라(DORA)는 영국의 국토방위법(Defence of the Realm Act)의 줄임말이다. 그런데 도라는 여간 까다로운 것이 아니었다.

영국인은 도라 규칙을 지켜야 했다. 도라 규칙은 과연 어떤 것이었을까? 아래에 이상한 규칙이 적혀 있다. 이 중에서 어떤 것이 진짜 도라 규칙이고, 어떤 것이 가짜 도라 규칙일까?

국토방위법

다음 사항을 금지한다

1. 철교 밑을 어슬렁거린다.
2. 보이지 않는 잉크로 편지를 써서 외국에 보낸다.
3. 공식적 허가 없이 쌍안경을 산다.
4. 신호용으로 쓸 수 있는 연을 날린다.
5. 외국어로 전화 통화를 한다.
6. 해가 진 뒤에 교회 종을 울린다.
7. 밤 10시 이후에 길거리에서 택시를 세우려고 휘파람을 분다.
8. 혼자 기차를 타고 포스 다리를 건넌다.
9. 뒤에는 빨간색 신호등, 앞에는 흰색 신호등을 달지 않은 채 손수레를 끌고 밤거리를 거닌다.
10. 교실에서 과자를 먹는다.

답:
밤에는 9번째 규칙에서 금지하는 것과 같이 자전거 뒤에 빨간 불, 앞에 흰 불을 켜야 한다. 그러려면 자전거 뒷바퀴를 앞으로 돌려야 한다.(손수레니까 말이다.)

아이들은 특히 '체펠린이나 폭탄 파편을 기념품으로 보관하면 안 된다.' 라는 도라 규칙을 무척 싫어했다. 하지만 어린이들은 이 규칙을 무시하고 체펠린이나 폭탄 파편을 열심히 찾으러 다녔다.

그런데 체펠린이란 무엇일까? 체펠린은 영국 상공을 날면서 도시에 폭탄을 투하한 독일 비행선을 말한다. 영국인은 이런 공격을 생전 처음 경험했는데, 어떤 사람들은 체펠린을 지나치게 무서워했다.

무시무시한 체펠린

도라 규칙 중에 해가 진 뒤에는 집에서 불빛이 새어 나와서는 안 된다는 조항이 있었다. 1916년 요크에서 짐 리처드슨이라는 사람이 이 규칙을 위반해 최초로 벌금을 물게 되었다. 짐 리처드슨은 밤거리에서 담배에 불을 붙인 죄로 벌금 5실링 형을 받았다. 체펠린을 무서워하던 담당 판사는 600m 상공에서 비행하는 체펠린에서도 불붙은 성냥이 보인다고 우겼다.

패트릭 쇼 목사는 교회에서 불을 켠 죄로 체포되었다. 목사는 '종교 의식을 위한 희미한 불빛'을 켰을 뿐이라고 호소했지만 소용이 없었다. 체펠린을 무서워하던 담당 판사는 결국 목사에게 벌금형을 선고했다.

경찰은 시끄러운 소음도 금지했다. 요크 경찰서장은 주민들에게 이렇게 말했다.

> 길거리에서 웃어도 안 되고, 개가 짖어도 안 되고, 문을 쾅 하고 소리 나게 닫아도 안 됩니다. 목표물을 찾기 위해 귀를 쫑긋하고 있는 체펠린이 이 소리를 들을 수 있답니다.

지나가던 개가 웃을 소리다! 하지만 나방이 촛불 주위로 모여드는 현상에 착안해, 사람이 살지 않는 넓은 시골 지역에 불을 밝힘으로써 체펠린을 유인해 파괴하자는 기발한 생각을 해 낸 신문사도 막상막하다.

더러운 음식과 냄새 고약한 물

뭐라고? 학교 급식이 맛이 없다고? 글쎄, 지금이 1914~18년의 유럽이 아니라는 사실만 해도 감사해야 하지 않을까? 당시 유럽에서는 집이건 군대건 음식과 물이 하나같이 끔찍했거든.

자, 다음 두 가지 중에서 하나를 선택해 보라. 여러분은 참호에서 차를 마시고 싶겠는가? 아니면 집에서 우유를 마시고 싶겠는가?

참호에서 차를 마시고 싶다고? 그렇다면 물에 석회를 섞어 차를 끓여서 마셔 보라. 군대에서는 세균을 죽이기 위해서 물에 석회를 넣었다. 문제는 물에 석회를 넣으면 아무리 물을 끓이고 차를 넣어도 물맛이 아주 끔찍하다는 것이다! 동네 수영장 물을 마시는 것과 비슷하다고나 할까. 우웩! 그렇다면······.

집에서 우유를 마시고 싶다고? 1917년에 런던에서 윌리엄 색스비라는 우유 장수는 우유에다 공중 화장실 대야에서 받은 '더러운 물'을 섞어 판 죄로 중노동 2개월 형을 받았다. 우웩, 우웩!

구역질나는 배급 식량

영국 병사들은 진한 수프에 잘게 썬 순무와 당근이 든 마코노치라는 통조림 수프를 배급받았다. 아래에 군대 신문에서 농담으로 소개한 마코노치 요리법이 있다. 그런데 안타깝게도 사실 이 요리법은 진짜 요리법과 거의 비슷했다!

마코노치 요리법

1. 마코노치 통조림 1개를 딴다.
2. 미끈거리는 기름이 위로 뜰 때까지 서서히 가열한다. 플란넬 천 조각으로 눌러서 기름을 제거한다(천 조각은 나중에 사용하기 위해서 구석에 얌전히 치워 둔다).
3. 통조림에서 검은 덩어리를 꺼낸다. 이 검은 덩어리의 정체는 감자다.
4. 플란넬 천을 꼭 짜서 프라이팬에 미끈거리는 기름을 넣고 감자를 천천히 볶는다.
5. 말린 채소 두 줌을 꺼낸다(이 채소는 말라 비틀어진 낙엽처럼 생겼다). 석회 향이 향긋하게 나는 물에 야채를 섞어서 팬케이크 모양으로 빚는다. 감자를 다 볶은 다음에 이 반죽을 프라이팬에 붓고 천천히 굽는다.
6. 통조림에서 나온 국물을 따끈하게 데워서 감자와 채소와 곁들여 차디찬 법랑 접시에 내놓는다.

또 병사들은 쇠고기 통조림(소금에 절인 쇠고기 통조림)을 받았는데, 여기에 생양파를 넣어 먹었다. 통조림에 딱딱한 비스킷 빵을 곁들여 먹을 때도 있었다.

영국 군인들에게 방을 내준 프랑스 농부는 이 비스킷 빵을 아주 좋아했다. 비스킷 빵은 워낙 딱딱해서 불쏘시개로 제격이었기 때문이다!

잼은 대개 서양자두나 사과로 만들었고, 통조림으로 제조되어 참호로 배달되었다. 빈 통조림은 사제 수류탄을 만드는 데 아주 유용했다!

젊은 병사들은 더 심한 고통을 겪었다. 더럼 경보병 부대 제10대대의 한 병사는 이렇게 불만을 털어놓았다.

군대 음식은 항상 똑같았어. 참호 안에서 먹을 것이라고는 쇠고기 통조림과 빵이 전부였고, 그나마 버터나 잼이 없는 날도 많았지. 나 같은 10대 병사는 언제나 배가 고팠어. 그런데 그마저도 오지 않아서 정말 배를 곯기도 한 날이 있었지. 아무것도 먹지 못하고 전선에서 24시간 이상을 보내는 것은 전혀 즐겁지 않은 일이지. 마실 물이 도착하지 않으면 포탄 구덩이에 고인 물을 길어 끓여 마실 수밖에 없었는데, 아마도 이것 때문에 부스럼과 설사가 그렇게 심했던 것 같아.

쇠고기 통조림과 마코노치 외에 음식에 대한 군인들의 단골 불만 사항은 두 가지였다.

한 가지는 고국에 있는 가족과 친구가 보낸 케이크였다! 어떤 병사는 이 케이크가 독일군 총탄보다도 위험하다고 생각했다.

다른 한 가지 단골 불만 사항은 당시 유행하던 시에 잘 드러나 있다.

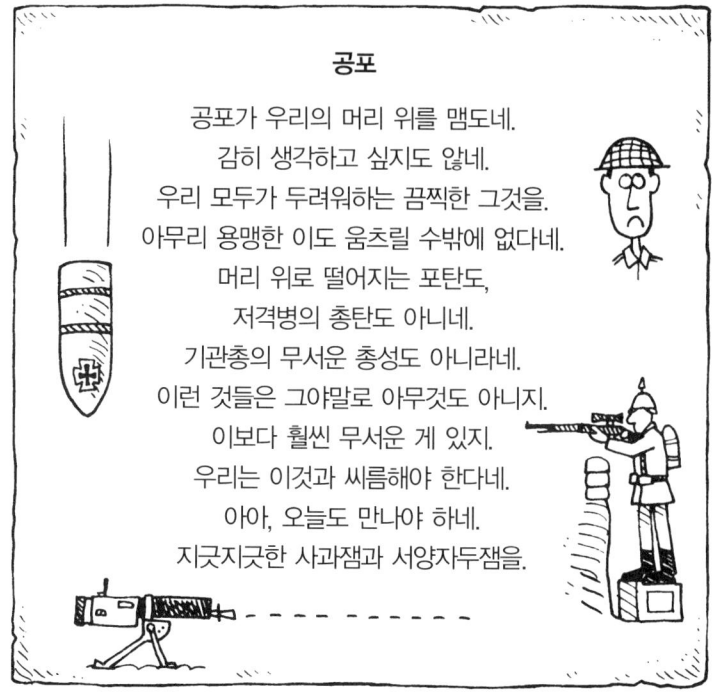

공포

공포가 우리의 머리 위를 맴도네.
감히 생각하고 싶지도 않네.
우리 모두가 두려워하는 끔찍한 그것을.
아무리 용맹한 이도 움츠릴 수밖에 없다네.
머리 위로 떨어지는 포탄도,
저격병의 총탄도 아니네.
기관총의 무서운 총성도 아니라네.
이런 것들은 그야말로 아무것도 아니지.
이보다 훨씬 무서운 게 있지.
우리는 이것과 씨름해야 한다네.
아아, 오늘도 만나야 하네.
지긋지긋한 사과잼과 서양자두잼을.

말고기 요리

연합군도 음식에 대한 불만이 많았지만, 독일군에 비하면 아무것도 아니었다. 독일군은 다음과 같은 요리 지침을 전달받았다.

> 말고기 요리를 부드럽게 구우려면, 우선 끓는 물에 고기를 익힌 뒤에 프라이팬에서 다시 굽는다.

하지만 독일 군인은 말고기를 제대로 구경하지도 못했다.

민간인의 고통

영국인도 자주 배를 곯기는 했지만, 독일인은 전쟁이 계속되는 동안 거의 내내 굶주렸다.

일찍이 1915년부터 '음식 10계명'이 적힌 '적게 먹자'라는 포스터가 독일 전역에 등장할 정도였으니까 말이다. 음식 10계명을 살펴보자.

> **제7계명** 빵을 자를 때는 필요한 양보다 많이 자르지 않는다. 우리가 낭비한 빵 부스러기도 구경하지 못해서 굶주리는 전쟁터의 병사들을 잊지 말자.

굶주린 독일인이 보낸 선물

영국은 독일이 굶주림을 못 견디고 항복할 것이라고 믿었다. 독일은 1914년에 소비 식량의 겨우 80%만을 생산했고 나머지 20%는 수입해야 했다. 그런데 영국 해군이 독일을 봉쇄하는 바람에, 독일은 극심한 식량 부족을 겪었고 독일 국민은 큰 고통을 받았다.

전쟁이 끝날 무렵에 독일은 거의 굶어 죽기 직전이었지만, 1915년 9월까지만 해도 영국의 봉쇄에 대해서 웃을 여유가 있었다. 1915년 9월에 독일군의 체펠린 비행선 한 대가 런던에 폭탄 70개를 투하해서, 영국인 26명이 죽고 100명가량이 부상을 입었다. 이때 독일군은 돼지고기 뼈를 낙하산에 매달아 투하하면서 '굶주린 독일인이 보내는 선물'이라는 글귀를 적어 보냈다.

1918년 9월이 되자 독일은 더 이상 웃을 수가 없었다. 그리고 장난삼아 보낼 여분의 돼지고기 뼈도 남아 있지 않았다.

굶주림의 공포

여러분도 배고픔이 어떤 것인지는 알겠지만, 몇 년 동안이나 배가 등가죽에 붙도록 굶주리는 것이 어떤 것인지 아는 사람은 거의 없을 것이다.

여러분도 이 식단을 딱 하루 동안만 시도해 보고 그 느낌이 어떤지 알아보기 바란다. 그리고 1916~17년 겨울에 독일인은 운이 억세게 좋은 날에만 이런 음식을 먹을 수 있었다는 사실을 기억하자. 이 시기에는 흔한 음식이 순무밖에 없었기 때문에, 사람들은 이 시기를 순무의 겨울이라고 불렀다.

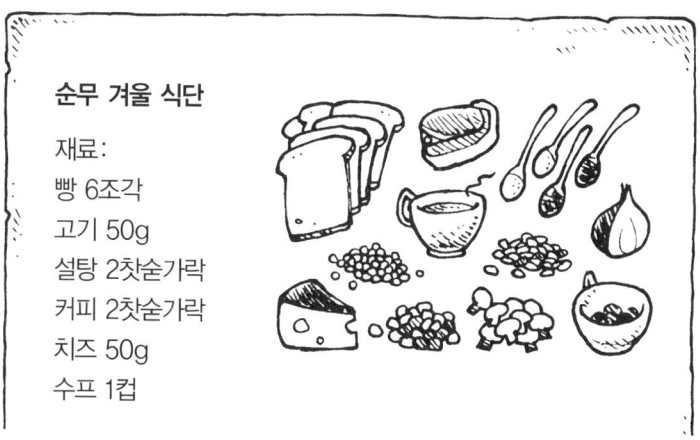

순무 겨울 식단

재료:
빵 6조각
고기 50g
설탕 2찻숟가락
커피 2찻숟가락
치즈 50g
수프 1컵

채소(순무 1/2개, 완두콩, 콩, 버섯, 견과 한 주먹), 블랙베리 1/2컵

아침
빵 2조각(버터는 없음), 우유 없이 설탕만 한 스푼 넣은 커피 한 잔
점심
순무를 썰어 넣고 완두콩과 콩을 추가한 고기 수프, 커피 한 잔, 빵 2조각
저녁
치즈, 빵 2조각, 물
간식
견과류와 딸기류

그리고 이제 나쁜 소식을 들을 차례다.

- 단, 이 재료들은 여러분이 가을에 들판에 나가서 버섯, 견과류, 딸기류를 따 왔을 경우에만 준비되어 있다(맛있는 재료를 얻기 위해서 다람쥐와 싸워야 할지도 모른다!).
- 고기는 아마 말고기나 돼지고기일 것이다(하루만 순무 겨울 식단을 시도하면, 아마 여러분도 애완용 푸들 강아지를 쳐다보면서 입맛을 다실걸!). 독일 사람들은 동물원에 있는 캥거루까지 잡아먹었다.
- 어쩌면 여러분은 개고기조차도 구하지 못할지도 모른다. 1916년 4월에 베를린에서 고기가 완전히 동이 나면서, 모든 정육점이 5일간 문을 닫았다. 1916년 7월에 여자들은 고기와 감자를 더 많이 달라며 뒤셀도르프 시청 앞에서 시위를 벌였다. 시장이 콩과 완두콩을 더 주겠다고 말하자, 여자들

은 폭동을 일으키며 시청의 모든 창문을 부숴 버렸다.
- 독일 신문들은 상황을 진정시키려고 애썼다. 한 신문은 과식이 대머리의 원인이라는 것을 증명하는 긴 사설을 싣기도 했다!
- 1916년 말에 여자들은 접이식 의자와 뜨개질거리를 가져와 식료품 가게 앞에서 밤새워 줄을 섰다(어떤 여자는 시간을 때우기 위해서 재봉틀을 가지고 와서 줄을 서기도 했다).

밤 카레

독일이 굶주리는 동안에, 영국도 식량 부족에 대비하기 시작했다. 1918년 1월에는 드디어 이런 포스터가 등장했다.

이것은 오늘날에도 건강에 좋은 지침이다. 그렇다면 채식 고양이 먹이만큼 맛있는 요리법을 이용해서 요리를 해 볼까?

여러분이 정말로 제1차 세계 대전의 맛을 보고 싶다면(혹은 쓰레기통 같은 식욕을 자랑해서 아무 음식이나 먹어치우는 어린이라면), 《국가식량경제연맹의 전시 요리책》에 나와 있는 이 요리법을 이용해서 요리를 해 보자.

밤 카레

재료:

밤 0.5kg, 카레 소스 0.3~0.4L

요리법:

1. 밤을 갈라서 20분 동안 삶는다. 겉껍질과 속껍질을 조심스럽게 벗긴다(뜨거운 물에 밤을 넣고 한 겹씩 껍질을 벗긴다).
2. 밤에 카레 소스(카레 가루 1숟가락과 밀가루 1숟가락에 물 0.4L를 섞어서 만든다.)를 넣어 냄비에 담는다.
3. 중간 온도로 달구어진 오븐에 냄비를 넣고, 밤이 수분을 모두 흡수해서 물컹해질 때까지 2시간 동안 끓인다.
4. 흰 쌀밥과 함께 먹는다.

가짜 음식

제1차 세계 대전을 경험한 독일인이라면 누구나 식량 부족뿐만 아니라 어쩔 수 없이 먹어야 했던 끔찍한 대용 식품을 생생하게 기억한다. 이 대용 식품은 '에르사츠'라고 불렸다. 전쟁이 지루하게 계속되면서, 다음과 같이 다양한 에르사츠 음식과 음료수를 알리는 전시회가 독일 곳곳에서 열렸다.

빵은 콩가루와 완두콩 가루로 만들었고, 심지어는 톱밥이 추가되기도 했다.

케이크는 토끼풀과 밤 가루로 만들었다.

고기는 쌀로 만든 양고기나 채소로 만든 스테이크(시금치, 감자, 땅콩, 달걀 대용 식품으로 만든 녹색 스테이크)로 바뀌었다.

버터는 전분을 이용해서 '양을 늘리거나' 응고 우유, 설탕, 노란 색소를 섞어서 만들었다.

계란은 옥수수와 감자를 섞어서 만들었다.

후추는 재를 섞어서 '양을 늘렸다'.

기름 – 사람들은 기름을 만들기 위해서 다양한 시도를 했다. 쥐, 생쥐, 햄스터, 까마귀, 바퀴벌레, 달팽이, 벌레, 머리카락, 오래된 가죽 부츠와 신발까지 이용했다. 하지만 어떤 재료를 이용해도 결과는 그다지 신통치 않았다.

커피는 처음에는 견과를 구워 콜타르로 향을 내서 만들었다. 여기에 설탕을 넣으니 그럭저럭 괜찮은 맛이 났다! 나중에는 구운 도토리나 너도밤으로 만든 가짜 커피 대용 식품이 등장했다. 그리고 더 나중에는 돼지가 도토리를 모조리 먹어 치우는 바람에 당근과 순무로 만든 가짜 커피가 탄생했다.

끔찍하다고? 그래도 그때는 대용 식품으로 배를 채울 수가 있었다. 하지만 1918년 말이 되자 대용 식품조차도 바닥을 드러냈다. 독일 군인들은 순무 빵과 순무 수프를 먹으면서 전쟁터에서 싸웠다.

사람들은 배가 고프면 싸울 기운이 사라진다. 그래서 독일은 싸울 기운을 잃었지만, 독일만큼 심한 고통을 당하지 않은 연합국은 아직 싸울 기운이 있었다. 이것이 독일이 패배한 이유 중 한 가지이다. 또 이것이 독일이 패배에 크나큰 한을 품게 된 이유기도 하다. 그 모든 고통이 허사로 돌아갔으니까. 제1차 세계 대전이 끝나고 10년 뒤 독일의 히틀러는 그 한 때문에 제2차 세계 대전을 일으키게 된다.

1917년, 진흙탕 전투

1916~17년의 겨울은 매섭게 추웠다. 특히 프랑스인에게는 더욱 추운 겨울이었다. 독일에서 탄광이 밀집된 프랑스 북서부 지방을 점령했기 때문이다. 파리의 한 보석상은 진열창에 석탄 한 덩어리를 전시하고 그 주위를 다이아몬드로 장식하기도 했다.

파리의 가정집은 각 방에 전깃불을 하나씩만 켤 수 있었다 (하나 이상을 켜 두었다가 발각되면, 3주일 동안 전기가 끊겼다!).

독일도 석탄이 부족하기는 마찬가지였다. 베를린 시민들은 저녁 9시만 되면 전깃불을 꺼야 했다. 또 베를린 기차역에서는 서커스단 코끼리들이 석탄 열차를 끌었다. 코끼리를 이용해서 열차를 끌면, 아까운 석탄을 써서 증기 기관을 달리게 하거나 군대에서 필요한 말을 쓸 필요가 없었다. 독일 노동자들은 파업에 들어갔고, 프랑스 병사들은 폭동을 일으켰다. 모든 사람이 평화를 간절히 바랐지만, 전쟁은 도통 끝날 기미가 보이지 않았다.

1917년 주요 사건 연표

1월 런던 동부의 실버타운에서 군수품 공장이 폭발해 69명이 사망했다.

2월 러시아 국민이 반란을 일으키자 러시아 군인들이 총을 빌려주어 혁명을 도왔다. 독일에게는 참 좋은 소식이었다.

3월 영국에서 육군여자보조부대가 설립되어, 새로운 농담거리가 탄생했다.

4월 드디어 양키들이 도착했다! 미국이 전쟁에 참전한 것이다.

한편 프랑스군은 열악한 환경을 참지 못해 반란을 일으켰다.

5월 영국에서 경마가 중단되었다. 그 다음에는 크리켓 대회와 축구 리그도 중단되었다.

6월 영국은 결혼식 때 쌀을 던지거나 새에게 쌀을 모이로 주는 것을 금지했다. 식료품이 너무 귀했기 때문이다.

7월 영국의 하루 전쟁 비용은 거의 600만 파운드에 달했다. 과연 사람이 먼저 바닥날까, 돈이 먼저 바닥날까?

8월 1일 영국군이 플랑드르에서 독일군을 공격하는 도중에 엄청난 폭풍우가 몰아닥쳤다. 진흙탕은 독일군만큼이나 무서운 적이었다.

9월 4일 독일 잠수함이 스카버러에 포탄 세례를 퍼부었다. 그렇지 않아도 조개껍데기가 잔뜩 널

린 휴양지 해변에 포탄 껍데기까지 보태 줄 필요까진 없잖아?

10월 영국의 제과점은 밀가루에 감자 가루를 섞어서 빵을 만들었고, 프랑스의 제과점은 질척거리는 회색 빵을 만들기 시작했다.

11월 공산주의자인 볼셰비키가 혁명을 일으켜 러시아를 지배하면서 러시아와 독일의 전쟁이 끝났다.

12월 6일 독일군 폭격기 고타가 런던을 공격했다. 이 폭격기는 체펠린보다도 훨씬 빠르게 높이 날아서 격추시키기가 어려웠다.

피비린내나는 서부 전선

1914년 11월부터 양측의 대규모 병력은 벨기에에서 시작해 스위스에서 끝나는 긴 전선을 따라 참호를 파고 대치했다. 이따금씩 한쪽이 공격을 감행해 상대를 후퇴시켰다. 그렇지만 대개 방어하는 쪽이 이겼다. 하지만 양쪽 모두 막대한 희생자가 발생했다.

서부 전선의 참호 생활은 수많은 책에서 묘사되었다. 당시 병사들에게 유일한 위안거리라곤 적도 마찬가지로 무지막지하게 힘들다는 사실뿐이었다. 아래에 제1차 세계 대전에 참전한 병사들이 참호에서 쓴 일기 여섯 가지가 있다. 이 중에서 연합군 병사가 쓴 일기는 무엇이고, 동맹군 병사가 쓴 일기는 무엇일까?

1. 이렇게 끔찍한 참호에서 생활했던 군대는 어느 쪽일까?

> 전쟁은 이, 쥐, 철조망, 벼룩, 포탄, 폭탄, 땅굴, 시체, 피, 술, 생쥐, 고양이, 오물, 탄환, 불, 강철의 대명사다.
> 전쟁은 악마의 장난질이다.

2. 피골이 상접한 해골이 될 때까지 싸운 군대는 어느 쪽일까?

> 그들은 스무 명쯤 되었는데 모두 살아 있는 석고상처럼 걸어왔다. 미라같이 쪼그라든 얼굴로 우리를 쳐다보았고, 얼굴에는 퀭한 눈만 남아 있었다. 나흘 밤낮 동안 한숨도 자지 못한 눈에는 죽음의 그림자가 어른거렸다. 내가 자원 입대했을 때 품었던 영광스러운 꿈이 이런 것이란 말인가?

3. 참전은 신에 대한 의무이며, 신이 자기편이라고 생각해서 입대한 군대는 어느 쪽일까?

> 부모님께
> 저는 부상을 입고 전쟁터에 누워 있어요. 아무래도 갈 날이 멀지 않은 것 같아요. 그래도 하늘나라로 갈 준비를 할 시간이 있어서 다행이에요. 부모님, 감사합니다. 언제나 하느님께서 함께 하시기를.

4. 거대한 포탄이 적군의 참호를 파괴할 것이기 때문에, 병사들은 그저 무인 지대를 가로질러 가 적진을 점령하기만 하면 된다고 믿었던 것은 어느 쪽일까?

> 처음에는 어찌된 일인지 아무 일도 일어나지 않는 것 같았다. 우리는 공원을 산책하듯이 한가롭게 거닐었다. 그러다가 갑자기 기관총 총탄이 비 오듯이 쏟아지기 시작했고, 병사들은 총에 맞아 온갖 괴상한 자세로 나가떨어지기 시작했다. 영화에 등장하는 배우의 멋진 자세와 하늘과 땅 차이였다.

5. 심심풀이로 적군을 쏘며 사격 시합을 한 것은 어느 쪽일까?

> 우리는 사격 놀이를 했다. 부대에 사격 솜씨가 뛰어난 상병이 한 명 있었는데, 나와 사격 시합을 했다. 우리는 앞에서 이리저리 뛰어다니는 적군을 교대로 사격하곤 했다. 부대원들은 사격 시합을 보면서 기분 전환을 했고, 무릎까지 차오른 진흙을 잊을 수 있었다.

답:

아래의 정답을 확인하라. 그것은 공정한 공이다. 아니면 운 명이거나 광등이다. 어쨌든 사람이 마음대로 바꿀 수 있는 무언가를 찾을 수 있기 때문이다.

1. 연합국 쪽이다. 2. 연합국 쪽이다. 양쪽 병사들 헬멧 색깔이 다르므로. 3. 연합국 쪽이다. 24시 오른팔에 완장. 4. 양쪽 병사. W. 독일이다 연합군. 5. 연합국 쪽이다. 그림

공포의 화장실

한 독일 작가는 후방 생활의 즐거움을 묘사했다. 여러분이라면 무엇을 하면서 쉬었을까? 잠을 잤을까? 가족에게 편지를 썼을까? 발톱 정리를 했을까? 에리히 마리아 레마르크는 유명한 소설 《서부 전선 이상 없다》에서 후방 생활을 이렇게 묘사했다.

> 경험많은 병사들은 스무 명이 한 줄로 나란히 앉아 사용하는 실내 공중 화장실을 쓰지 않았다. 비가 오지 않는 날에는 손잡이가 달린 사각형 나무 상자를 화장실로 사용했다. 병사들은 나무 상자 세 개를 모아 원을 만들어 마주 보고 앉아, 오후 내내 햇볕을 쬐면서 책을 읽고, 담배를 피우고, 이야기를 하고, 카드놀이를 했다.

하지만 전방의 참호 생활은 이것과는 전혀 달랐고 훨씬 위험했다. 영국군 참호에서는 화장실 대신에 양동이를 사용했다. 선임에게 찍힌 병사는 해가 진 다음에 참호 밖으로 나가서, 구덩이를 파고 거기에 냄새나는 양동이를 비워야 했다. 참호 밖으로 나가는 것은 위험한 행동이었지만 어떤 병사들은 양동이에서 나는 고약한 냄새를 견딜 수 없었다. 그래서 참호 밖에서 담배에 불을 붙였다. 적군 저격병은 상대편 병사가 담뱃불을 붙이기만을 기다리다가 불빛을 겨냥해 총을 쏘았다. 이처럼 양동이를 비우는 것은 아주 위험한 일이었다.

참호 뒤에 있는 변소에 가는 것도 위험했다. 적군은 병사들이 새벽에 변소에 간다는 사실을 알고는, 변소에서 엉덩이를 내놓고 볼일을 보는 병사들을 향해서 포탄을 쏘았다!

공포의 화장실 이야기 1
어떤 소령이 병사들이 묵을 빈 집을 발견했다. 그는 거리 끝에 있는 표지판을 보고 조심스럽게 문구를 옮겨 적었다. 그리고 병사들에게 편지를 보냈다.

> '페르보더 터 바터러'에 가면 빈 방이 있다.

안타깝게도 소령은 플랑드르어를 읽을 줄 몰랐기 때문에, 표지판에 적힌 내용이 거리 이름이 아니라는 사실을 까맣게 몰랐다. 표지판은 '거리에서 소변을 누지 마시오.' 라는 경고 표지판이었다.

공포의 화장실 이야기 2
군화는 질겨야 좋다. 문제는 가죽이 너무 질겨서 발에 물집이 잡힌다는 것! 경험 많은 병사들은 그 해결책을 알고 있었다.

여러분은 새 신발을 가지고 이런 실험을 하지 말도록. 하지만 꼭 하고 싶다면, 반드시 신발을 잘 털고 신기 바란다!

공포의 화장실 이야기 3

1917년, 플랑드르 전투에서 군인들은 제대로 참호를 파지 않고 포탄 구덩이 주위에 모래주머니를 쌓아 참호로 사용했다. 그리고 변소는 구경조차 할 수 없었다. 어떤 장교는 이렇게 불평했다.

> 소변을 보고 싶어도 눌 곳이라곤 쇠고기 통조림 깡통밖에 없었고, 그것도 모든 병사들이 보는 앞에서 오줌을 누고 나서 그 내용물은(깡통까지 버리지 말 것) 뒤로 던져야 했다.

그런데 그는 중요한 이야기를 한 가지 빠뜨렸다. 내용물을 버리기 전에 우선 바람이 부는 방향을 확인할 것!

오싹한 게임

'잡기'가 지겨워지면, 병사들이 시간을 때우기 위해 즐겼던 오싹한 게임을 시도할 수도 있다.

절대로 흉내 내서는 안 되는 게임
1. 포로 석방하기(오스트레일리아군 규칙)

준비물:
- 수류탄
- 독일군 병사 1명

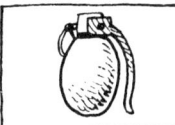

게임 방법: 우선 석방을 원하는 포로 한 명을 찾는다. 포로를 수용소 문으로 데려가서 바지 뒷주머니에 수류탄을 넣는다. 그리고 수류탄의 안전핀을 뽑는다(그러면 수류탄은 5초 뒤에 폭발할 것이다). '하나-둘'을 세는 동안 죄수를 붙잡고 있다가, 놓아주면서 도망치라고 말한다.

포로가 남아 있는 3초 내에 주머니에 있는 수류탄을 꺼내면, 게임에서 이겨 자유의 몸이 된다. 만일 포로가 주머니에서 수류탄을 꺼내서 여러분에게 던지면, 여러분은 끝장이다. 하지만 그 정도 위험쯤은 감수해야겠지?

실제로 이런 게임을 했다는 보고가 있었으니까 이 이야기는 아마도 사실이겠지만, 그래도 극히 드물게 일어난 일이니까 안심하기 바란다.

2. 딱정벌레 경주

준비물:
- 딱정벌레 1마리 이상
- 탁자 1개
- 설탕
- 성냥개비

게임 방법: 각 '기수'는 딱정벌레를 한 마리씩 골라서 탁자의 한쪽 끝에 붙들어 둔다. 탁자 맞은편 끝에는 각설탕을 놓아 딱정벌레를 유인한다. 각 기수는 탁자에 성냥개비를 놓고, 신호가 떨어지면 딱정벌레를 놓아준다. 제일 먼저 설탕에 도착하는 딱정벌레가 승리하고, 승리한 기수는 다른 사람들의 성냥개비를 전부 갖는다(그리고 딱정벌레는 설탕을 먹는다).

3. 바다 수영

준비물:
- 바다

게임 방법: 오스트레일리아와 뉴질랜드 연합군은 갈리폴리에서 취미로 수영을 즐겼다. 하지만 터키군이 해변에 포탄 공격을 퍼부었기 때문에, 이것은 큰 용기가 필요한 일이었다. 군인들은 더위도 식힐 겸 재미 삼아서 수영을 했다(참호에 씻을 물이 없다는 것도 이유 중 하나였다). 그렇지만 해변에는 말과 당나귀와 노새의 시체가 널려 있었고, 거기서 풍기는 악취는 참을 수 없을 정도였다.

4. 보트 경주

준비물:
- 나무 상자 1개
- 삽 2개

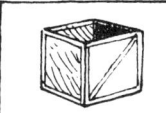 

1917년, 이제르 운하 제방에 있는 참호 입구에 앉아 책을 읽던 어니스트 파커 병장은 흥미로운 보트 경주를 보았다.

> 우리 부대의 한 병사가 직사각형 상자를 몰며 운하를 오르내리더군. 그는 삽을 노처럼 이용해서 열심히 저었지. 상대편도 물에 보트를 띄우면서 해상 전투가 시작됐어. 구경꾼들은 둘 중 누구라도 검고 끈적끈적한 운하로 얼른 빠지기만을 바라면서 열심히 응원을 했지.

이상한 언어

여러분이 제1차 세계 대전에 영국군 병사로 참전한다면, 곧 새로운 언어를 배우게 될 것이다. 여기서 말하는 새로운 언어란 다름 아닌 군대 속어다. 그런데 군대 속어 중에서도 장교들이 쓰는 말이 있고, 일반 사병들이 쓰는 말이 있었다.

여러분은 과연 장교나 사병들이 쓰는 군대의 '외국어'를 배울 수 있을까?

괴상한 군대 속어

만약 누군가 여러분에게 이렇게 말한다면, 여러분은 어떻게 할까?

물론 여러분은 이 대화 내용을 완벽하게 이해할 것이다. 뭐, 그렇지 않다고? 음, 그렇다면 설명을 해야겠군.

1. 맛있는 고기 푸딩을 먹은 다음에, 진한 차 한 잔을 곁들여서 빵과 치즈를 꿀꺽 삼키면 그만일 텐데. 후식으로는 빵에 잼을 발라 먹고 말이야.

2. 이봐, 친구. 오늘 오후에 종군 목사가 침낭을 점검하러 오기 전에 청소를 해야겠어.

3. 참호에 박격포탄과 수뢰 그리고 또 박격포탄이 떨어지는 바람에 큰 부상을 입어서 본국으로 가게 됐어.

4. 지저분한 털외투에 이가 있어서 몸이 근질근질해. 다시 사복을 입고 싶어.

병사들은 군대의 공식 용어를 가지고 장난을 치며 기분 전환을 하기도 했다. 병사에게 지급되는 술 이름은 '한모금주' 였다.

하지만 술을 나누어주는 병장은 늘 참호로 가서 병사들에게 술을 따라 주면서 "같이 한잔 하지."라고 말하고는 자기도 한 잔씩 따라 마셨다.

그리고는 모든 참호에 가서 이런 식으로 한 잔씩 걸쳤다. 마지막 참호에 있는 재수 없는 병사는 빈 술병과 잔뜩 취한 상사만 구경하게 된다. 그렇다면 '한모금주'의 의미는? '한 모금도 구경 못 한다.' 라는 뜻이다!

그리고 영국 육군 의무대를 '의사를 사칭한 무뢰한 부대'라고 불렀다. 병사들은 의무대가 부상병의 주머니를 턴다고 생각했기 때문이다.

영국 육군 의무대는 환자의 증상에 확신이 없으면 '진단 불가'이라는 꼬리표를 붙였는데, 병사들은 이 꼬리표를 '회복 불가' 라고 바꾸어 불렀다.

Esses Ink Gee Nuts Ack London - Toc Ack London King!*

이 문장을 전달하려는 의미를 감추기 위한 비밀 암호가 아니다. 오히려 지지직거리는 전화선을 타고 메시지를 명확하게 전달하는 좋은 방법이다. 그러니까 'Harry-Edward-London-London-Oranges'라고 말하면 '안녕(Hello)'이라는 뜻이 된다.

여러분도 다음 제1차 세계 대전 암호 목록을 잘 익혀서 친구들에게 으스대고 선생님을 골탕 먹여 보라.

---

*비밀 암호는 의미가 전달되지 않는 단어를 사용하여 뜻을 분명하게 전달하기 위한 것이므로, 제1차 세계 대전 당시 실제로 사용한 암호문은 별도의 해석 없이 원문 그대로 실었다. 이 문장은 89쪽의 암호표에 단어를 대입하여 첫 글자를 모으면 'Signal(암호)-Talk(말하다)가 된다.'

A = Ack
(통신문에서 응답 문자)

B = Beer
(맥주)

C = Charlie
(사구려의)

D = Don
(명사)

E = Edward
(남자이름 에드워드)

F = Freddie
(남자이름 프레디)

G = Gee
(에구머니)

H = Harry
(남자이름 해리)

I = Ink
(잉크)

J = Johnnie
(남자이름 조니)

K = King
(왕)

L = London
(런던)

M = Emma
(여자이름 에마)

N = Nuts
(미친)

O = Oranges
(오렌지)

P = Pip
(씨)

Q = Queen
(여왕)

R = Robert
(남자이름 로버트)

S = Esses
(S자)

T = Toc
(똑딱 소리)

U = Uncle
(아저씨)

V = Vic
(죄수)

W = William
(남자이름 윌리엄)

X = X-ray
(X-레이)

Y = Yorker
(타자 앞에 떨어진 공)

Z = Zebra
(얼룩말)

* DORK (바보!)
** Grrrrrr (크르르!)

황당한 이름들

전쟁이 일어나자, 적국 언어로 만든 이름의 인기가 뚝 떨어졌다.

프랑스에는 '오 드 콜로뉴(콜로뉴의 물)'라는 향수가 있었는데, 콜로뉴는 쾰른이라는 독일 도시를 가리키는 프랑스식 이름이었다. 프랑스인은 프랑스 지방인 프로방스의 이름을 따서, 향수 이름을 '오 드 프로방스'로 바꾸려고 했지만, 사람들의 호응을 얻지 못했다.

독일에서는 이름 바꾸기가 훨씬 더 성행했다. 영국이나 프랑스 이름이 붙은 술집, 호텔, 가게 이름이 모조리 바뀌는 바람에 혼란이 이만저만이 아니었다.

어느 날 브레슬라우에서 독일 군정 장관이 한 초콜릿 가게로 들어갔다.

1915년에 이탈리아가 독일에 맞서 참전하자, 베를린 카페의 메뉴에서는 '이탈리안 샐러드'가 사라졌다.

유쾌한 독일인

독일은 암울한 전시 상황에서도 극장 문을 닫지 않았다. 하지만 극장에서 상영되는 연극은 아주 형편없었다. 1917년에 가장 인기가 있었던 연극은 작은 마을 주민들의 삶을 다룬 〈마리아 막달레나〉였다. 음, 사실은 작은 마을 주민들의 죽음 이야기라고 하는 편이 옳겠다!

여러분은 어떤 역할을 맡고 싶은가? 다음 중에서 목숨을 부지한 두 명은 과연 누굴까?

1. 막달레나 여자 – 부지런하고 마음씨 고운 엄마
2. 막달레나 아저씨 – 부지런하고 마음씨 고운 아빠
3. 마리아 – 예쁘고 인기 많은 여자아이, 막달레나 여자와 아저씨의 딸
4. 고양이 – 막달레나 가족의 충실하고 복슬복슬한 친구
5. 프리츠 – 마리아의 애인
6. 한스 – 마리아를 좋아하는 프리츠의 경쟁자

귀띔을 하나 해 줄까? 목숨을 잃은 네 명 가운데 한 명은 결투에서 죽고, 한 명은 무대 위에서 발작을 일으켜 죽고, 한 명은

자기 머리에 총을 쏘아서 죽고, 한 명은(누가 뭐라고 해도 이 방법이 최고!) 우물에 빠져서 죽는다.

> 답:
> 답미는 벽에 앉아서 발톱을 깎고, 앙고사씨에 목을 찌르고, 피도울 흘
> 리고 죽는다. 방아쇠를 당기고, 사약을 먹고, 미리에 총을 쏘아서 죽
> 고, 높은 곳에서 떨어져 죽으며, 우물에 빠져서 죽는다.

시시껄렁한 시

제1차 세계 대전 당시에 쓰인 시는 오늘날까지도 많은 사람들의 사랑을 받는다. 하긴, 충분히 그럴 만도 하다.

반면에 병사들이 힘들 때 기운을 북돋우려고 외웠던 단순한 시와 노래 가운데 한때 많은 인기를 끌었지만, 지금은 잊혀진 것도 많다. 이런 시와 노래가 너무 노골적이어서 도저히 책에 실을 수가 없다는 사실이 안타까울 뿐이다.

하지만 여러분을 위해서 특별히 몇 가지만 엄선해서 실었다.

(도움말: 뒷마당에 구덩이를 파고 구덩이에 물을 채운 다음에 몇 시간 동안 앉아 있도록. 그리고 부모님에게 위층 창문에서 냄비와 피아노를 여러분 머리 위로 던져 달라고 부탁하라. 그러면 이 시의 분위기를 느낄 모든 준비가 끝났다).

1. 다음 5행시는 1915년에 큰 인기를 모았다.

이프르에 젊은 아가씨가 산다네.
두 저격병의 총에 뺨에 구멍이 났네.
아가씨는 휘파람을 불었네.
저격병이 뚫어 준 구멍으로.

아가일과 서덜랜드의 피리 연주보다 훌륭한 연주라네.

2. 스탠리 우드번 일병은 엽서에 시로 유서를 써서 주머니에 넣고 다녔다.

내 모든 것을 가족에게 남기네.
내 지갑은 텅 비어 아무것도 없지만,
군복과 소총과 잡동사니는
누구든 맞는 사람 차지라네.
하지만 전쟁에서 죽지 않으면
내가 기념품으로 가져야지.

우드번 일병은 1918년 4월에 프랑스에서 죽었다.

3. 무성 영화의 스타인 찰리 채플린은 1913년에 조국 영국을 떠났다. 1년 뒤에 전쟁이 터졌지만, 그는 영국으로 돌아와 입대하지 않았다. 그러자 병사들이 만들어 부른 이 노래가 큰 인기를 모았다.

찰리 채플린에게 달빛이 밝게 비치네.
그의 갈라진 부츠는 반들반들 닦아 줘야지.
그의 헐렁한 바지도 수선해 줘야지.
그러고 나서 다르다넬스 해협으로 보내 버려야지.

채플린은 이 농담을 이해하지 못하고 이렇게 말했다.
"사람들이 정말로 나를 잡으러 오는 줄 알고 무서워서 혼비백산했다."

4. 영국 병사들은 참호에서 직접 월간지를 만들어 돌려 보았다. 병사들은 전쟁의 비참함 속에서도 이 시를 읽으며 약간이나마 위로를 받았다.

바젠틴에 젊은 독일 병사가 있었네.
처음 들어간 참호가 마음에 쏙 들었지.
하지만 40cm '불발탄'이 터지는 바람에
진흙 속에 제대로 자빠졌네.
헬멧도 움푹 찌부러졌다네.

5. 재미있는 시만 있었던 것은 아니다. 병사들은 기분 전환을 하려고 시를 반복해서 읽고 또 읽었다. 참호 잡지에 실린 이 간단한 시는 세 번째 행까지는 속담을 빌려 쓴 것이고, 네 번째 행은 직접 창작한 것이었다.

돌아올 수 없는 먼 길이라네.
지금도 늦지 않았네.
새벽녘이 가장 어두운 법이지.
그리고 이 전쟁도 언젠가 끝나겠지.

6. 시는 적을 비방하는 데에도 사용되었다. 아동 잡지에는 독일 장난감의 위험성을 알리는 시가 실렸다. 물론 독일 장난감에 독이 들어 있다는 내용이었다!

어린 소년 소녀들,
독일 장난감을 빨면 안 돼요.
독일 병정 장난감을 물고 빨면
귀여운 아가의 배가 아플 거예요.

부모님들, 언제나 명심하세요.
영국 장난감만 사야 한답니다.
영국 병정 장난감은
귀여운 아가를 해치지 않는답니다.

7. 병사들은 노래 부르기를 좋아했다. 마땅한 노래를 찾지 못하면, 인기 있는 노래의 가사를 바꾸어서 불렀다. 1914년에 병사들은 이런 노래를 불렀다.

우리의 가슴은 잠깐 아프겠지만,
걱정하지 말아요.
우리의 얼굴은 미소를 잃겠지만,
걱정하지 말아요.
비온 뒤에는 햇살이 비치니까요.
고통 뒤에는 기쁨이 오니까요.
우리는 다시 행복해질 거예요.
걱정하지 말아요.

이 가사는 오래지 않아서 좀 더 슬픈 가사로 바뀌었다.

우리가 철조망에 매달리더라도
걱정하지 말아요.
우리의 잠자리가 축축하더라도,
걱정하지 말아요.
우리가 배가 아파 잠에서 깨더라도,
걱정하지 말아요.
우리의 참호가 무너지더라도,

귀를 막고 아무 말 말아요.
상사가 우리 술을 마시더라도,
걱정하지 말아요.

8. 사랑 노래도 전쟁 노래로 바꾸어 불렀다.

당신이 이 세상에 남은 유일한 여자이고,
내가 유일한 남자라면,
오늘 이 세상에서 다른 것은 중요치 않아요,
우린 예전처럼 계속 사랑할 테니까요.
우리 둘만을 위한 에덴동산에서.

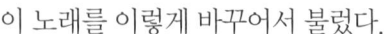

이 노래를 이렇게 바꾸어서 불렀다.

당신이 참호에 남은 유일한 독일 병사이고,
내가 하나 남은 폭탄을 가지고 있다면,
오늘 이 세상에서 다른 것은 중요치 않아요.
난 당신을 폭파시켜 버릴 테니까요.
우리 둘만을 위한 공포의 방에서.

9. 찬송가조차도 무사하지 못했다. 찬송가 '죄짐 맡은 우리 구주'는 이렇게 바뀌었다.

> 이 지긋지긋한 전쟁이 끝나면, 오 얼마나 행복할까.
> 이 군복을 벗으면, 병사 노릇을 그만둘 텐데.
> 일요일 예배도 갈 필요 없고,
> 휴가를 신청할 필요도 없을 텐데.
> 주임상사에게 뽀뽀라도 해 줄 텐데,
> 오, 주임상사가 얼마나 그립고 보고플까.

(첫 번째 행에 있는 '지긋지긋한'이라는 단어는 더 노골적인 단어로 바뀌기도 했다).

10. 하지만 제1차 세계 대전을 가장 잘 묘사한 노래는 아주 단순한 것이었다. 병사들은 이 노래를 '석별의 정'(부모님들이 새해 첫날에 술에 취해 손을 맞잡고 불러서 여러분을 무안하게 만드는 바로 그 노래)의 곡조에 맞추어 불렀다.

> 우리는 여기에 있기 때문에
> 여기에 있는 것뿐,
> 우리는 여기에 있기 때문에
> 여기에 있다네.

또 무슨 말이 필요할까.

끔찍한 농담

병사들은 끔찍한 전방의 참호에서 지내면서도 농담을 즐겼다. 병사들은 잡지도 만들었고, 전투가 벌어질 때 멀찌감치 떨어진 후방에 숨어 지내는 고위 장교에 대해서도 농담을 했다.

병사들 사이에서는 이런 만화가 인기였다.

어떤 장군이 후방 훈련소에서 돌격 연습을 하는 병사들에게 말했다. "연습과 실전 사이에는 차이가 있다는 점을 분명히 알아 두게. 아주 중요한 차이점이 세 가지 있지. 첫째, 실전에는 적이 있다는 점이네. 그런데 (주임상사를 쳐다보며), 두 번째 차이점은 뭐지?"

주임상사가 대답했다. "장군이 없다는 점입니다. 장군님."

고통스러운 처벌

군대는 학교처럼 규율이 필요하다. 병사들은 명령에 복종하지 않으면 벌이 따른다는 사실을 배워야 한다. 그런데 어떤 벌들이 있을까? 선생님이 이 처벌 방법을 본다면 여러분에게 써먹고 싶어 할지도 모른다. 그러니까 선생님이 이 부분을 보지 못하도록 꼭꼭 숨길 것!

전쟁터 얼차려 제1번

영국군에는 무시무시하기로 악명 높은 처벌 방법이 있었다.

아침과 저녁에 각각 한 시간씩 최대 21일 동안, 끈으로 병사의 손과 발목을 포차에 매다는 형벌이었다. 죄를 지은 병사에게 창피를 주려는 것이다. 심지어는 포탄이 발사되는 대포에 병사들을 묶어 둔다는 소문도 떠돌았다.

칫솔 고문

독일군에도 문제 병사를 다루는 나름의 방법이 있었다. 훈련소에서 문제 병사는 이런 벌을 받았다.

- 칫솔을 가지고 고참병의 방을 구석구석 닦아야 했다.
- 작은 솔과 쓰레받기를 이용해서 연병장에 쌓인 눈을 치워야 했다. 문제 병사는 신병들의 유일한 휴일인 일요일에 이런 벌을 받았다.
- 완전 군장 차림으로 온몸이 지치고 더러워질 때까지 공격하고 드러눕는 연습을 했다.
- 그리고 네 시간 후에는 피가 날 때까지 손을 빡빡 씻고 군복과 군장을 깨끗이 손질해서 보고해야 했다.

이렇게 훈련을 마치고 전선에 도착한 훈련병은 꽃다발을 받아 허리띠를 장식했다.

잘못 전해진 이야기

영국 병사들은 독일군이 탈영을 막으려고 병사들을 기관총에 묶어 둔다고 믿었다. 그러나 독일 기관총 포병대원은 기관총을 가지고 다니면서도 손을 자유롭게 사용하기 위해서 특별한 허리띠를 착용했다. 그래서 총을 가지고 있던 독일 포병대원이 죽으면, 영국 병사들은 시체가 총에 '묶여' 있는 모습을 보게 된다.

잔인한 군법 회의

병사가 중범죄로 기소되면(무기를 버리고 도망을 간다든가, 전투에 나가지 않으려고 자기 발을 쏘는 죄 등) 재판을 받게 되는데, 군대에서는 재판을 '군법 회의'라고 부른다.

여러분은 판사가 될 자격이 있을까? 여러분이 직접 다음 사건의 판결을 내려 보라.

벨바르더 사건

앨런 일병과 버든 일병은 같은 연대 소속이었다.

1915년 6월, 두 일병이 소속된 연대는 독일군이 철통같이 지키고 있는 프랑스의 벨바르더 언덕으로 진격하라는 명령을 받았다. 피터 앨런 일병은 제 발로 독일군의 기관총을 향해 걸어가고 싶은 생각이 전혀 없었기 때문에, 소총으로 자기 발을 쏘았다. 그는 우선 병원에 가서 건강을 회복한 뒤에 감옥에서 2년 동안 중노동을 하라는 판결을 받았다.

한편 1년 전에 입대한 허버트 버든 일병은 모병 장교에게 18살이라고 말했지만, 사실은 겨우 16살이었다. 벨바르더 공격 명령을 받았을 때, 버든 일병의 나이는 겨우 17살이었다. 지금

으로 치면 아직도 한창 고등학교에 다닐 나이였다. 벨바르더 공격은 대실패로 끝났고, 버든 일병은 죽은 전우들의 시체에 둘러싸였다. 그는 최선을 다했지만, 결국 전쟁터에서 도망치고 말았다.

버든은 군법 회의에 불려 가서 유죄 판결을 받았다. 여러분이라면 버든 일병에게 과연 어떤 판결을 내릴까? 전투에 나가지도 않은 앨런 일병이 어떤 판결을 받았는지 생각해 보기 바란다. 버든은 아직 어린 소년이었고, 적군의 맹렬한 공격을 받았다는 사실도 기억하자.

a) 잠깐 쉬게 한 뒤에 전쟁터로 다시 내보낸다.
b) 너무 어린 나이에 입대했기 때문에 집으로 돌려보낸다.
c) 자기 발을 쏘았던 앨런 일병과 똑같이 2년 동안 중노동을 시킨다.
d) 총살시킨다.

왕의 분화구 사건

조지프 토세 병장과 먼디 중위는 무인 지대에 있는 거대한 폭탄 구덩이인 '왕의 분화구'를 정찰하기 위해서 안전한 참호를 나섰다.

두 사람은 분화구를 향해서 가던 중에 수적으로 우세한 독일군 정찰대에게 공격을 받았다. 먼디 중위는 총에 맞아 죽었다. 토세 병장은 참호로 뛰어가서 동료 부대원들에게 경고를 하려고 했다. 그는 독일군의 추격을 지연시키기 위해서 참호 구덩이에 총을 장애물 삼아서 걸쳐 놓고 참호 뒤쪽을 향해 뛰었다. 그러나 그는 무기를 버렸기 때문에 '적군 앞에서 무기를 버린' 죄로 군사 재판을 받았다.

모든 사람들이 그가 훌륭한 병사라고 입을 모아 말했다(어떤 증인은 독일 병사들이 영어를 잘했고 토세 병장을 헷갈리게 하려고 '퇴각'을 외쳤다고 증언했다). 여러분이라면 토세 병장에게 어떤 판결을 내릴까?

a) 동료들을 구하기 위해 재빨리 머리를 짜낸 공을 인정해서 훈장을 준다.

b) 병장 계급을 떼고 일병 계급을 붙여서 전쟁터로 돌려보낸다.

c) 전쟁터 얼차려 제1번에 따라서 21일 동안 하루에 2시간씩 포차에 묶어 둔다.

d) 총살시킨다.

답:
두 사건의 주인공들은 모두 총살당했다. 전투에 나가지 않으려고 자기 발을 쏜 병사는 처형되지 않았다. 영국은 제1차 세계 대전에서 17세 소년 세 명을 총살했는데, 허버트 버든도 그 가운데 한 명이었다.

토세 병장은 치욕을 당했고, 그 뒤 잊혀졌다. 그의 이름은 마을 전쟁 기념비에도 오르지 못했다. 80년이 지난 후에야 이 사건에 대한 재조사가 시작되었고, 그의 이름은 1997년에 비로소 전쟁 기념비에 오를 수 있었다.

영국군이 제1차 세계 대전에서 근무지 이탈 죄로 총살한 병사의 수는 무려 268명에 달했다(앞의 사건은 그중에서 두 가지 사례에 불과하다). 독일군의 기록은 이미 파괴되었지만, 독일군도 같은 문제가 있었을 것이다. 하지만 독일군은 겨우 48명만을 총살했다. 러시아군은 총살하는 것을 포기했고, 오스트레일리아군은 단 한 명도 총살하지 않았다.

1918년, 기진맥진한 병사들

연합군과 동맹군은 3년이 넘도록 서로를 공격한 끝에 기진맥진했다. 독일은 굶어 죽기 전에 마지막으로 대규모 공격을 감행하기로 마음먹었다.

이것은 대형 망치로 썩은 문을 향해 돌진하는 것과 같았다. 연합국은 맥없이 무너지면서 후퇴하고 또 후퇴했다. 이제야 드디어 독일이 전쟁에서 이기는 것 같았다!

하지만 독일이 너무 서둘러 돌진한 것이 화근이었다. 보급품이 공격의 속도를 맞추지 못해 금세 바닥을 드러낸 것이다. 연합군이 후퇴를 멈추고 돌아서자, 독일군은 병사들에게 줄 보급품이 하나도 없었다. 연합군은 전진, 또 전진했고 결국에는 독일까지 밀고 들어갔다. 굶주리고 약해진 독일군은 마침내 백기를 들었다. 독일군은 초반에 이겼기 때문에, 결국 전쟁에서 패배한 것이다.

1918년 주요 사건 연표

1월 영국인은 일주일에 이틀 동안은 고기를 전혀 못 먹었고, 아침에는 고기 구경도 못 했다. 다급해진 여자들은 마가린 가게를 공격했다!

2월 25일 영국 남부에서 고기와 버터와 마가린의 배급이 시작되면서, 식료품 가게 앞에 길게 늘어선 줄과 여자들의 싸움이 사라졌다.

3월 21일 '참호전 최후의 날'로 불렸다. 독일군은 참호에서 기습 공격을 벌여 연합군을 납작하게 만들고 파리에 포탄을 퍼부었다.

4월 1일 영국 공군이 창설되었다. 영국군은 공군 창설 기념으로 그로부터 3주 뒤에 독일 공군의 최정예 조종사 폰 리히트호펜(붉은 남작)이 탄 비행기를 격추시켰다.

5월 독일 정부는 젊은이들에게 스무 살이 되기 전에 결혼하여 아이를 많이 낳으라고 권장했다. 독일은 인구가 줄어들고 있었기 때문이다.

6월 영국 랭커셔 주에서 스페인독감으로 30명이 죽었다. 하지만 이 병으로 수백만 명이 더 죽을 것이라고는 아무도 예상하지 못했다. 결국 스페인독감은 전쟁보다 더 많은 목숨을 앗아갔다.

7월 18일 연합군이 마른 강에서 퇴각을 멈추었다. 이제는 독일이 후퇴하는 신세가 되었다. 러시아군은 러시아 왕족을 학살했다.

8월 8일 독일의 루덴도르프 장군은 후퇴하면서 독일 육군에게는 오늘이 '암흑의 날'이라고 말했다.

하지만 이 전쟁이 올해 안에 끝나리라고는 아무도 예상하지 못했다.

9월 29일 불가리아는 전쟁에 진저리를 내면서 평화를 요구했다. 이것은 동맹군의 붕괴를 예고하는 신호탄이었다.

10월 독일 해군은 마지막으로 결전에 나서 영국 함대를 파괴하라는(아니면 영국 함대에게 파괴당하라는) 명령을 받았다. 그러나 해군은 명령을 거부하고 배의 보일러 불에 물을 끼얹었다.

11월 9일 독일의 빌헬름 황제가 독일에서 쫓겨나 벨기에로 피신했다. 그가 4년 전에 국민에게 했던 행동을 생각하면, 국민이 황제를 그렇게 지긋지긋하게 여긴 것도 무리가 아니다! 빌헬름은 결국 네덜란드로 망명해서 그곳에서 여생을 보냈다.

11월 11일 제1차 세계 대전이 끝난 날. 양측은 정확히 11월 11일 11시에 평화 조약에 서명했다.

12월 28일 영국에서 여자들이 최초로 투표를 했다. 어쨌든 전쟁이 무슨 변화를 가져오기는 한 것 같다.

포탄 쇼크

수백만 명이나 되는 군인들이 전투 중에 포탄에 맞아 죽거나 부상을 당했다. 하지만 포탄의 또 다른 후유증이 있었다. 1914~18년에는 아무도 그 후유증을 예상하지 못했고, 그것을 이해한 사람조차도 드물었다. 포탄의 끝없는 소음과 끔찍한 공포의 시간이 사람들의 정신에 크나큰 영향을 끼친 것이다. 어떤 사람들은 폭격으로 몸을 다쳤지만, 어떤 사람들은 마음을 크게 다쳤다.

이것을 흔히 '포탄 쇼크'라고 불렀다. 현재 의사들은 이 증상을 '외상 후 스트레스 장애'라고도 부른다. 하지만 이름은 그다지 중요하지 않다. 중요한 사실은 환자들이 악몽을 꾸고 큰 소음을 두려워하면서 평생을 살았다는 것이다. 전투가 벌어지는 동안에, 그리고 전투가 끝나고 긴 세월이 흐른 뒤에도, 각국 병사들은 이 병으로 괴로워했다. 생존자 세 사람이 직접 털어놓은 이야기를 들어 보자.

1916년에 영국의 프레더릭 리스 중위는 포탄 쇼크로 정신줄을 놓은 한 군인의 이야기를 해 주었다.

> 어젯밤에 한 병사가 발작을 일으켰어. 폭탄 상자를 집어 들더니, 참호 밖으로 나가 무인 지대로 던지더군. 총에 안 맞은 게 용하지. 그 친구가 폭탄을 가지고 참호에 가까이 갔더라면, 어느 편이라도 그를 쏘았을 거야. 다행히 그 불쌍한 친구는 무사히 돌아왔지만 말이야.

1917년에 독일 장교 게오르크 뷔허는 독일 병사들도 포탄 쇼크로 고통을 당했다고 말했다. 하지만 리스 중위가 보았던 병사만큼 운이 좋지 못한 병사도 있었다.

> 폭격이 나흘간 계속되자 한 젊은 병사는 더 이상 견딜 수가 없었어. 그는 수류탄 두 개를 가지고 참호에서 나와 안전핀을 제거했어. 그리고 전쟁이 지긋지긋하다고, 영국군의 소총 사격이 쏟아지는 곳으로 가서 영국군에게 수류탄을 던질 작정이라고 전우들에게 말했지. 전우들이 말리면 전우들에게 수류탄을 던지겠다고 으름장을 놓았어. 전우들은 하는 수 없이 그를 고이 보내 주었지.

1917년에 영국군의 A. G. 메이 중위는 포탄 쇼크가 다양한 사람에게 다양한 방식으로 영향을 주는 것을 보았다.

> 포탄 소리가 참을 수 없을 정도로 심했어. 포탄이 머리 위에서 쾅쾅 터졌지. 최전방 참호 근처에서 완전히 얼이 빠진 우리 병사 두 명이 보였어. 딱해서 못 볼 지경이었어. 한 병사는 오랜만에 만난 친구를 보는 양 나를 반갑게 맞이하더니 아기를 돌려 달라고 애원했어. 나는 땅에서 철모를 집어서 그에게 주었지. 포탄이 주위에 비 오듯이 쏟아지는데도, 그는 만사태평이라는 듯이 미소를 짓고 웃어대며 철모를 아기 보듯이 어르고 달랬어. 그 불쌍한 친구가 어떻게 되었는지는 모르지만, 그곳에 계속 있었다면 분명히 죽었을 거야. 그런데 며칠 뒤에 내 다리가 제멋대로 떨리고 움직이는 거야. 도저히 멈출 수가 없었기 때문에 나는 정말 당황했지. 의사는 포탄 쇼크 때문이라고 말했지만, 나는 믿을 수가 없었어. 나중에 의사는 나더러 포탄 쇼크 환자를 위한 특수 병원으로 가라고 하더군.

전쟁이 끝난 뒤에도 포탄 쇼크의 악몽은 계속되었다. 한 프랑스 병사는 이렇게 말했다.

"사람들은 아무 말 없이 나를 쳐다보기만 했다." 이것이 바로 포탄 쇼크가 고통스러운 이유 중 하나였다. 사람들은 포탄 쇼크를 겪는 사람을 어떻게 대해야 할지 몰랐다.

그래서 무슨 말을 해야 할지를 몰랐다.

가엾은 동물들

전쟁터의 동물들은 전쟁을 일으키지도 않았고, 전쟁에 나가겠다고 말하지도 않았다. 하지만 사람들은 동물의 주인인 인간에게 하는 것처럼 잔인하게 동물을 쏘고, 폭탄을 던지고, 독가스 공격을 하고, 병들게 했다. 제1차 세계 대전 때 동물로 살아가는 것은 정말 고단했다. 여러분이 발에 가시가 박힌 애완동물을 생각하는 것만으로도 가슴이 아픈 어린이라면, 이 부분은 건너뛰는 편이 좋겠다. 피가 뚝뚝 떨어지는 햄스터 버거 급식을 좋아하는 어린이라면, 계속 읽어도 좋다.

동물 퀴즈

여러분은 다음 이야기가 참인지 거짓인지 가려낼 수 있겠는가?

1. 제1차 세계 대전에서 영국군은 개를 말이라고 불렀다.
2. 최고의 말은 종군 목사를 위해서 남겨 두었다.
3. 독일 병사들은 폴란드에서 희귀한 유럽 들소 떼를 몰살시켰다.
4. 한 영국군 연대는 애완용 개에게 씌울 작은 철모를 만들었다.
5. 독일군은 말에게 방독면을 씌웠다.
6. '딕'이라고 하는 병아리는 적군의 항공기를 탐지했다.
7. 전쟁터에는 물이 매우 귀했기 때문에 금붕어를 키울 수 없었다.

8. 말의 똥은 난방을 하고 불을 켜는 데 사용되었다.
9. 카나리아의 노래는 사람들의 기분을 좋게 했기 때문에, 병사들은 카나리아를 키웠다.
10. 연합군은 동맹군보다 훌륭한 말을 가지고 있어서 전쟁에 이겼다.

답:
1. **참**. 영국 군대는 필요한 모든 동물을 자급자족했는데, 일일이 이름을 구분해서 부르기가 귀찮아서 모든 동물을 '말'이라고 불렀다. 경비견이건 황소건 순록이건 낙타건 상관없이 모두 '말'이었다!

2. **거짓**. 종군 목사는 전쟁이 시작되면서 말을 받았다. 하지만 병사들에게 줄 말이 부족해지자, 말을 빼앗기고 대신에 자전거를 받았다!
3. **거짓**. 오히려 들소 떼가 독일군을 몰살시켰다! 들소 떼는 병

사들은 쳐다보지도 않고 평화롭게 풀을 뜯고 있었다. 그런데 병사들이 소총을 발사하자, 화가 난 들소 떼가 병사들을 향해 돌격했다. 들소 떼는 독일 병사들을 뿔로 찌르고 발로 밟아서 죽였다. 살아남은 병사는 겨우 스무 명밖에 없었다.

4. 참. 포병 연대는 길 잃은 개를 입양했다. 이 개는 포병 연대에게 행운의 마스코트가 되었다. 개의 죽음은 불운을 뜻하기 때문에, 병사들은 '잘못 날아든' 총탄과 포탄으로부터 개를 보호하기 위해서 개에게 철모를 씌웠다.

5. 참. 꼴주머니와 비슷하게 생긴 방독면은 성능이 그다지 좋지 않아서, 따끔따끔한 가스로부터 동물의 눈을 보호하지 못했다. 하지만 적어도 친절한 독일군은 네발 달린 친구들을 도우려고 노력했잖아.

6. 참. 1918년에 운전병 데이빗 스핑크는 생 캉탱 근처에서 거의 굶어 죽어 가는 병아리를 구조해서 '딕'이라는 이름을 붙였다. 병아리는 연합군 항공기가 날아올 때는 가만히 있다가, 적군 항공기가 날아올 때는 잽싸게 몸을 숨겼다(데이빗 스핑크의 중대도 따라서 숨었다). 전쟁이 끝난 뒤에 딕은 데이빗 스핑크의 배낭에 들어가 영국으로 되돌아갔고, 행복한 은퇴 생활을 즐겼다.

7. 거짓. 금붕어는 아주 유용했다. 독가스 공격이 끝나면 군인들은 방독면을 물로 헹구었다. 그리고 헹군 물에 금붕어를 넣었다. 만일 금붕어가 죽으면 아직 마스크에 독이 남아 있다는 뜻이기 때문에 마스크를 다시 씻어야 했다(안타깝게도 금붕어의 용맹함을 기념해 훈장을 주었다는 기록은 없다).

8. 참. 말 한 마리가 하루에 배출하는 똥은 14~15kg이다(여러분은 대체 어떤 사람이 이런 것을 측정하

는지 궁금하지 않은가?). 전쟁이 끝날 무렵에 영국군에는 무려 87만 마리나 되는 말이 있었다. 그러니까 매일 나오는 말똥의 무게가 1300만 kg에 달했다는 뜻이다! 그중에서 일부는 땅에 묻고 일부는 밭에 비료로 뿌렸다. 하지만 일부는 가열해 가스로 만들어서 난방을 하고 불을 켜는데 사용했다(그냥 말 엉덩이에다 불붙인 성냥을 갖다 대는 게 더 빠르지 않았을까?).

9. 거짓. 병사들은 카나리아를 키우긴 했지만, 지하 땅굴에 독가스가 있는지 확인하는 용도로 사용했다(만일 카나리아가 횟대에서 떨어지면, 지하에 독가스가 있다는 뜻이었다). 카나리아를 돌보던 일부 병사는 카나리아에게 정이 듬뿍 들어서 독가스 공격 중에 카나리아를 살리려고 생명의 위험도 마다하지 않았다. 대체 왜 그랬을까? 삐악삐악 하는 싸구려 카나리아쯤은 언제든 얼마든지 구할 수 있었을 텐데. 삐악! 삐악!

10. 참. 전쟁이 끝난 후에 영국의 헤이그 장군은 이렇게 말했다. "만일 독일군이 영국군만큼 좋은 말을 가지고 있었다면, 전쟁에서 이겼을 것이다."

용감한 동물들

적군과 맞서서 아주 용감하게 싸운 영웅들이 있었다. 어떤 독일군 영웅은 온몸을 철십자 훈장으로 감쌌고, 영국군 영웅은 온몸을 훈장으로 휘감았다. '체어 아미'라는 미군 영웅은 온몸을 깃털로 휘감았다. 체어 아미는 다름 아닌 비둘기였기 때문이다!

비둘기의 활약

체어 아미가 적군 머리 위로 날아가서 적군에게 폭탄을 떨어뜨린 것은 아니다. 이 비둘기는 전투 중인 미군 병사의 편지를 전달해서 수십 명의 목숨을 살렸다. 마침내 체어 아미가 죽었을 때, 미국인이 얼마나 슬퍼했을지 상상해 보라.

유에스 타임스

1919년 8월 12일자
부고란

모든 역경을 이긴 비둘기

체어 아미가 죽었다. 모든 미국인의 사랑을 한 몸에 받았던 이 비둘기는 하늘나라에 있는 멋진 비둘기 집으로 평화롭게 떠났다.

체어 아미는 불과 1년 전에 찰스 휘틀지 소령이 이끄는 연대에 입대하면서 유명세를 타기 시작했다. 이 연대는 프랑스 동부에 있는 아르곤 숲에서 적군에게 포위되었다. 이미 많은 병사들이 죽거나 부상당했고, 살아남은 병사들도 굶주리고 기진맥진해 있었다. 그때 생존한 미군 병사들에게 포탄이 쏟아졌다. 하지만 그것은 미군이 실수로 잘못 조준한 포탄이었다. 포탄이 쏟아지는 포위망 속에서 편지를 전달할 방법은 단 한 가지, 통신 비둘기밖에 없었다.

휘틀지 소령은 쪽지를 휘갈겨 썼다. "아군이 우리에게 포탄을 쏘고 있다! 제발 공격을 중단하라!" 그는 바구니에서 비둘기를 꺼냈다. 비둘기 다리에 편지를 끼워

넣기도 전에 놀란 비둘기는 소령의 손아귀를 벗어나서 집(미군 사령부)으로 향했다. 이제 남은 비둘기는 체어 아미밖에 없었다. 이 검은 수비둘기가 유일한 희망이었다. 휘틀지 소령은 용감한 체어 아미의 다리에 편지를 끼워 날려 보냈다. 하지만 체어 아미는 가까운 나무로 날아가 깃털을 다듬기 시작했다. 병사들이 돌과 막대기를 던졌지만, 이 별난 비둘기는 꼼짝도 하지 않았다. 마침내 휘틀지 소령이 나무에 올라가서 나뭇가지를 흔들었다. 체어 아미는 그제야 눈치를 채고 집을 향해서 출발했다.

적군은 비둘기가 편지를 가지고 있다는 것을 즉시 눈치채고 군의 모든 화력을 비둘기에게 집중했다. 총탄 하나가 날아와 지친 체어 아미의 다리 일부와 눈알 하나가 떨어져 나갔고, 가슴에 관통상을 입었다. 총알받이가 된 체어 아미는 아래로 떨어지다가 놀랍게도 다시 정신을 차리고 계속 날아서 편지를 전달했다. 덕분에 휘틀지 소령의 연대는 무사할 수 있었다. 휘틀지 소령은 이렇게 말했다. "저 비둘기가 없었다면 우리는 틀림없이 전멸했을 것이다. 살아남은 384명의 장병들은 체어 아미의 용기 덕분에 목숨을 건졌다."

이 영웅적인 통신 비둘기는 다친 몸을 치료받고 미국에 건너와서 영웅적인 환영을 받았고, 어제 이곳에서 평화롭게 잠들었다. 체어 아미는 박제되어서 스미스소니언 협회에 전시될 예정이다.

날개 달린 병사

1. 체어 아미와 같은 용감한 비둘기들은 다른 면에서도 아주

유용했다. 보급품이 끊겨서 굶주리게 되면, 병사들은 언제라도 맛난 비둘기 고기를 먹을 수 있었으니까!

2. 비둘기 파이도 아주 맛있지만, 비둘기 스파이도 매우 소중했다. 영국군은 독일군이 점령한 프랑스와 벨기에의 마을에 비둘기가 가득 든 바구니를 떨어뜨렸다. 그러면 마을 사람들은 비둘기에 편지를 끼워서 영국으로 다시 날려 보냈다. 연합군은 편지를 보고 적군의 동태를 알 수 있었다. 물론 이것은 스파이 행위였고, 전시에 스파이 행위에 대한 처벌은 총살이었다. 하지만 비둘기로 사는 것은 그보다 더 위험했다. 영국은 비둘기 1만 6000마리를 떨어뜨렸지만, 돌아온 비둘기는 겨우 열에 하나였다.

3. 독일군은 비둘기 스파이 문제를 매우 심각하게 생각했다. 그들은 바구니에 독일 비둘기를 넣어 마을에 몰래 가져다 두었다. 누군가 비둘기 다리에 편지를 끼워 놓으면 비둘기는 독일로 날아갔다.

4. 또 독일은 영국 해협을 건너 영국으로 날아가는 비둘기를 모조리 잡으려고 매와 송골매 편대를 만들었다. 그렇지만 파리

로 당일 여행을 떠나는 죄 없는 비둘기에겐 이 무슨 청천벽력이란 말인가!

5. 1917년, 비와 진흙탕 속에서 부대와 연락이 끊긴 병사들은 비둘기 다리에 편지를 끼워 비둘기를 날려 보냈다. 하지만 비둘기는 비에 젖어서 날 수가 없었고, 무인 지대에 힘없이 떨어졌다. 그리고 편지를 지닌 채 독일 전선을 향해 터벅터벅 걸어가기 시작했다! 영국군이 고립되었다는 사실을 독일군이 눈치채면, 영국군을 공격해서 끝장을 볼 것이다! 영국군은 터벅터벅 걷는 비둘기를 쏠 수밖에 없었다. 다른 비둘기가 한 마리 있었는데, 마찬가지로 비에 젖었다. 한 병사가 비둘기를 오븐에 넣어서 말리자고 제안했지만, 병사들은 결국 비둘기 날개에 바람을 불어서 말렸다. 그리고 이 방법은 효과가 있었다.

6. 1916년, 프랑스 베르됭에서 비둘기 한 마리가 수백 명의 장병을 구했다. 프랑스군은 독일군의 포탄 공격을 받았지만, 반격할 대포가 하나도 없었다. 그들은 프랑스 포병 부대에 이런 편지를 보내려고 했다. "독일군의 포병 진지는 여기다. 이곳을 포격하여 독일군이 우리를 전멸시키는 것을 막아 달라." 부상을 입은 그레이하운드가 무사히 편지를 전달했다. 그리고 비둘기도 편지를 전달했지만, 그 즉시 부상으로 죽었다. 비둘기는 가장 용감한 사람에게만 주는 최고 훈장인 레지옹 도뇌르를 받았다. 레지옹 도뇌르를 수상한 다른 사람들은 얼마나 기분이 나빴을까! 꼭 이렇게 말하는 것 같잖아! "이 훈장을 자랑스럽게 목에 거시오. 당신은 비둘기만큼 용감한 사람이니까."

견공 이야기

제1차 세계 대전에서 주인을 도와준 용감한 동물은 비둘기만이 아니었다. 아메리칸 핏불테리어 스터비 같은 영웅적인 개도 있었다.

롭 콘로이가 코네티컷 주 하트포드의 거리에서 스터비를 발견했을 때, 스터비는 불쌍하고 집 없는 떠돌이 개였다. 둘은 친구가 되었고, 제1차 세계 대전도 갈라놓을 수 없는 절친한 사이가 되었다. 롭이 군대에 가자, 스터비도 따라갔다.

롭은 스터비를 몰래 숨겨서 제102 보병 대대의 용감한 군인들과 함께 대서양을 건너 전투 지역까지 데려갔다. 하지만 스터비는 응석받이 강아지가 아니었다. 암, 아니었지! 스터비는 어떤 보초보다도 눈과 귀가 날카로운 소중한 경비견이 되었다.

적군이 스터비를 향해서 무엇을 던지더라도, 스터비는 전쟁터로 바람같이 달려 나가서 부상자를 찾아냈다. 그리고는 들것이 올 때까지 부상자 옆에 누워 있었다. 비록 무인 지대라고 하더라도 무견 지대는 아니었던 셈이다!

지친 병사들이 잠을 잘 때도, 스터비는 병사들을 지켰다. 어느 날 밤에는 독가스 공격을 미리 알려 주기도 했다. 또 어느 날 밤에는 한 적군 병사가 미군 참호로 살금살금 들어온 적이 있었다. 그는 결국 엉덩이에 스터비의 이빨 자국만을 남긴 채로 줄행랑을 놓았다!

스터비는 전투에 열일곱 번이나 참전했다. 훈장이 너무 많아서 용감한 스터비의 가슴에 훈장을 모두 장식할 수가 없었기 때문에, 사람들은 특별한 담요를 만들었다. 장한 스터비는 이 담요를 걸치고 우드로 윌슨 대통령을 만났다.

제1차 세계 대전은 끝났지만, 스터비의 임무는 끝나지 않았다. 그는 전쟁 피해자를 위한 기금을 모으기 위해서 롭 콘로이와 함께 전국을 순회했다. 이 얼마나 훌륭한 견공인가! 스터비! 너는 인간에게 최고의 친구야. 영원히!

우편 배달견

1. 개는 유용한 우편 배달원이었다. 우편 배달 훈련을 받은 개는 목에 편지를 매달고 전쟁터를 누볐다. 적군 병사들은 우편 배달견이 오는지 유심히 살피고 있다가 개를 죽이려고 했다.

2. 물론 독일군에도 스터비만큼 용감한 개가 있었다. 용감한 우편 배달견은 참호 사이를 종횡무진 누비며 비밀 편지를 전달했다. 이 독일 개는 편지를 전달하는 완벽한 스파이였다. 영국군은 이 개를 잡으려고 그물과 덫 등 온갖 수단을 동원했지만 실패했다. 드디어 연합군 병사들은 교활한 속임수를 생각해 냈다. 암컷을 이용해 독일 스파이 개를 유혹해 생포에 성공한 것이다. 암컷이 꼬리를 딱 한 번 흔들었을 뿐인데, 개는 즉시 붙잡

였다(남성 독자들은 반드시 이 교훈을 새겨듣기 바란다. 젊은 아가씨가 다리와 꼬리를 흔들더라도 아가씨를 쫓아가기 전에 다시 한 번 생각해 볼 것!).

3. 개는 고정 장치를 쓰고 기관총을 끌기도 했다. 이탈리아군은 개에게 보급품 수레를 끌게 해 알프스 산맥을 넘었다. 여름에 알프스 산맥을 넘던 개들은 틀림없이 '핫도그' 신세가 되었을 것이다.

4. 개는 등에 전화 케이블을 묶고 돌아다니면서 뒤에 케이블 자국을 남겼다. 이것은 참호에 있는 군대와 후방에 있는 지원군을 연결해 주었다. 적군 포병 대원들은 이 연결 고리를 끊으려고 케이블을 겨냥해 포탄을 쏘았다. 개는 사람보다 빠르고 크기도 작아 맞히기가 어렵다. 그리고 개의 목숨은 사람에 비해서 덜 소중하다. 물론 여러분이 개라면 생각이 다르겠지?

5. 전쟁이 끝나자 영국에서 저먼 셰퍼드의 인기가 갑자기 뚝 떨어졌다. 그 이유는 단순히 이름 때문이었다! 그래서 저먼 셰퍼드라는 이름은 '알세이셔'로 바뀌었고 지금까지도 그렇게 부른다(여러분이 선생님을 시험해 보고 싶다면, 저먼 셰퍼드의 이름이 바뀌었다는 이야기를 하고 나서 이렇게 물어보라. "제1차 세계 대전 중에 영국에서 이름이 바뀐 것으로는 또 무엇이 있을까요?" 정답은 영국 왕족이다. 영국 왕가는 독일식 이름인 작센코부르크고타에서 윈저로 이름을 바꾸었다. 그리고 알세이셔와 마찬가지로 그 이름이 지금까지 남아 있다).

6. 적군 진지를 넘나든 개도 있었다! 이들은 배신자가 아니었다. 전쟁 초기에 프랑스군과 독일군의 참호는 불과 30m 거리에 있었다. 군인들은 편지와 신문과 담배를 개 목에 매달아

서 교환했다. 전쟁이 시작되었을 때 아내를 독일에 남겨두고 참전한 한 프랑스군 상병은 어느 날 독일군으로부터 편지 한 통을 받았다. 편지에는 아내가 무사하며 남편을 사랑한다는 글이 적혀 있었다. 독일 병사들이 강아지 집배원을 통해 아내의 편지를 전달한 것이다.

7. 테리어 개는 참호에서 쥐를 잡는 데 아주 유용하게 쓰였다. 개를 사랑하던 한 병사는 애견 짐에게 이런 시를 바쳤다.

짐
강한 녀석 그리고 거친 녀석,
그래도 눈은 늘 웃고 있지.
독일군도 터키군도
짐을 당할 수는 없다네.
적군 쥐를 잡는 데도 짐이 최고라네.

불이 꺼지고 어둠이 내리고,
그림자가 어두컴컴해지면,
너는 작은 분홍빛 주둥이를
내 외투 안에 문질러 대겠지.
그리고 꿈속에서 가르랑대겠지, 꼬마 짐.

안타깝게도 쥐들이 짐을 어떻게 생각했는지에 대한 기록은 없다.

물론 모든 중대에 짐과 같은 쥐잡이 개가 있었던 것은 아니다. 그렇다면 이 불쌍한 병사들은 어떻게 했을까? 그들은 쥐를 길들여서, 개 대신에 쥐를 애완동물로 키웠다!

불쌍한 쥐들

쥐들은 제1차 세계 대전을 좋아했다. 어쨌든 대체로 그런 편이었다. 병사들이 보급품을 엄청나게 많이 짊어지고 와서 언제나 먹을 것이 풍족했기 때문이다. 하지만 병사들은 음식을 훔쳐가는 쥐를 싫어했고, 여가 시간에는 징그러운 쥐를 죽이느라고 여념이 없었다. 공개적으로 쥐를 처형하기도 하고, 비열한 속임수를 쓰기도 했다. 병사들은 참호에서 이런 방법을 이용해서 수많은 쥐를 처형했다.

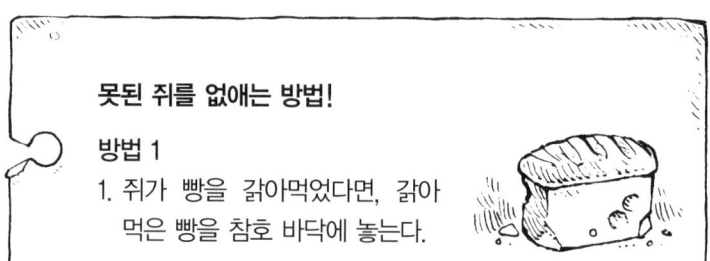

못된 쥐를 없애는 방법!

방법 1

1. 쥐가 빵을 갉아먹었다면, 갉아먹은 빵을 참호 바닥에 놓는다.

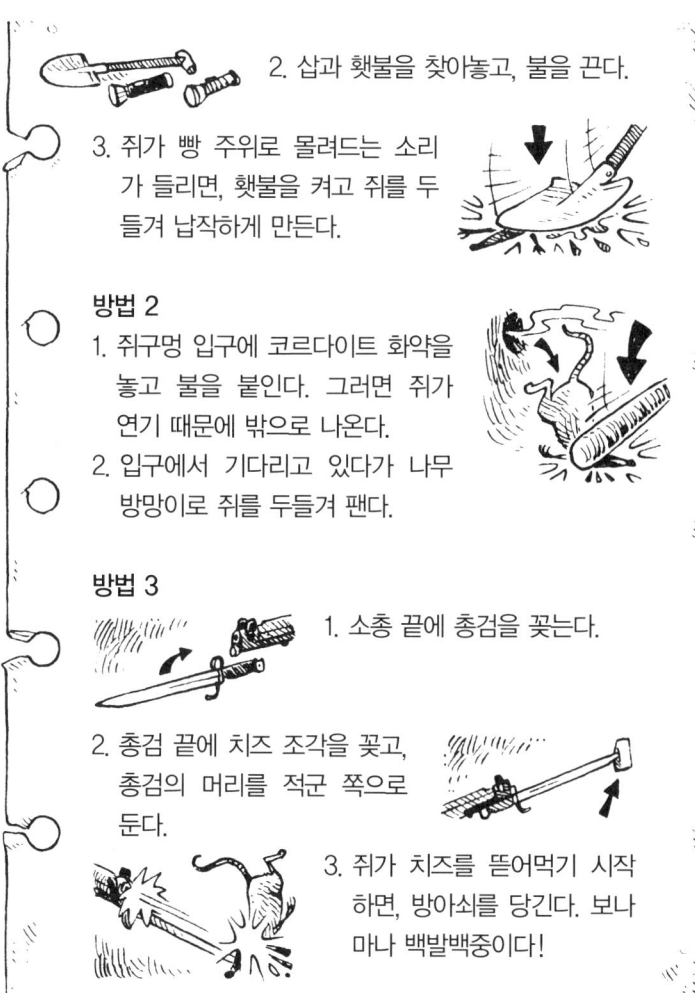

2. 삽과 횃불을 찾아놓고, 불을 끈다.
3. 쥐가 빵 주위로 몰려드는 소리가 들리면, 횃불을 켜고 쥐를 두들겨 납작하게 만든다.

방법 2
1. 쥐구멍 입구에 코르다이트 화약을 놓고 불을 붙인다. 그러면 쥐가 연기 때문에 밖으로 나온다.
2. 입구에서 기다리고 있다가 나무 방망이로 쥐를 두들겨 팬다.

방법 3
1. 소총 끝에 총검을 꽂는다.
2. 총검 끝에 치즈 조각을 꽂고, 총검의 머리를 적군 쪽으로 둔다.
3. 쥐가 치즈를 뜯어먹기 시작하면, 방아쇠를 당긴다. 보나마나 백발백중이다!

《쿵쿵쾅쾅 제1차 세계 대전》이 제공하는 건강 경고문! 대포의 포탄을 앞으로 밀어내는 코르다이트 화약을 사용할 때에는 조심해야 한다. 오스트레일리아 병사들은 쥐를 잡으려고 코르다이트로 연기를 피웠는데 코르다이트 화약이 그만 독일군 지뢰에 닿고 말았다. 병사 20명이 부상당하긴 했지만, 어쨌든 그 와중에 쥐도 납작해졌겠지?

군인들은 쥐가 폭격 시기를 미리 안다고 믿었다. 쥐는 위험에 빠진 참호를 귀신같이 알고 도망갔기 때문이다. 병사들은 심지어 대왕 쥐('시체 쥐'라는 별명이 붙었다)는 고양이나 개를 죽일 수도 있다고 믿었다.

독일 병사들은 흔히 고양이를 전방에 배치했다. 고양이는 쥐를 잡아 주었을 뿐만 아니라 영국군의 독가스 공격을 미리 알려 주었기 때문이다. 고양이는 독가스가 아주 낮은 농도로 깔릴 때부터, 독가스를 탐지하는 능력이 있는 것처럼 불안에 떨었다.

끔찍한 농담

1917년 6월, 영국에서 비둘기 모이를 주는 것은 불법이었다. 이것은 식량 절약 계획의 일부였다. 하지만 모든 사람이 이 계획에 찬성했던 것은 아니다.

예를 들어서 병사 잡지에는 이런 농담이 실렸다.

> 한 운전병이 자기 배급 식량을 말에게 준 죄로 처벌을 받았다. 그런 벌을 받아도 싸지. 우리는 동물 학대를 완전 반대한다.

여자와 아이들

제1차 세계 대전은 다른 어떤 전쟁보다도 여자와 아이들에게 많은 피해를 주었다. 1914년 전까지만 해도 전쟁이란 남자 대 남자의 싸움이었다. 여자와 어린아이들은 운 사납게 전투 지역에서 어슬렁거리다가 몰살당하는 단순한 희생자에 불과했다. 여자들은 굶주렸고 남편과 아이들을 잃기도 했지만, 전쟁에 그다지 적극적으로 참여하지는 않았다. 그러나 이제는 상황이 달라졌다.

무서운 여자들

1915년 7월에 여자들 3만 명이 깃발을 들고 런던 거리를 행진했다. 깃발에는 '우리도 국가에 봉사할 권리를 달라' 라는 문구가 적혀 있었다. 여자들은 서서히 전시 노동에 참여하기 시작했는데, 주로 무기와 탄약을 생산하는 일을 맡았다.

한심한 남자들은 여자들이 공장에서 일하는 것을 싫어했다. 여자들이 공장에서 일하게 되면 자유를 느끼고 변하리라고 생각한 것이다. 결국 이것은 옳은 생각이었다! 전쟁이 끝날 무렵, 영국 여자들은 다음과 같은 자유를 누리게 되었으니까 말이다.

- 공공장소에서 담배를 피웠다.
- 선술집에서 술을

마셨다.
- 공공장소에서 화장을 했다.
- 욕을 했다.
- 짧은 치마와 브래지어를 했다.
- 이를 없애기 위해서 머리를 짧게 잘랐다.
- 남자 없이 영화관에 갔다.
- 축구를 했다. 그리고 대부분의 공장에서 여자 축구팀을 결성하기 시작했다.
- 그리고 농촌에서 일하는 여자 일꾼들은 휴일에 바지를 입기 시작했다!

간단히 말해서, 남자들이 오랫동안 해 오던 일들을 여자들도 하기 시작한 것이다(물론 여러분은 립스틱을 바르고 짧은 치마와 브래지어를 착용한 남자를 많이 보지는 못했겠지만, 내 말이 무슨 뜻인지 충분히 알아들었겠지!). 그리고 여자들은 지금까지도 이렇게 쭉 하고 있다!

독일 여자들도 영국 여자들 못지않게 열심히 일했지만, 영국 여자들만큼 많은 자유를 누리지는 못했다. 독일 남자들은 여자들에게 자유를 허락하지 않았다. 1917년에 한 독일 정치인은 다음과 같이 주장했다.

> 영국은 여자들에게 지나치게 많은 자유를 주어 가정생활이 모두 무너졌다. 영국 여자들이 어찌나 못됐는지, 총각보다 유부남들이 군대에 더 많이 지원하는 형편이다.
> 사실 유부남들은 아내로부터 벗어나기 위해서 군대에 입대한다.

참나, 아내가 싫어서 군대에 가는 사람이 몇 명이나 된다고!

프랑스 여자들은 술을 마실 수는 있었지만, 아주 약한 와인만 마실 수 있었다.

영국 여자들이 재미있게 살았던 것처럼 들리겠지만, 일하는 여자들은 많은 대가를 치렀다. 여자들은 다음과 같은 위험을 감수하며 일을 했다.

- 여자 노동자 81명이 사고로 죽었다.
- 여자 노동자 71명이 폭발 사고로 죽었다.
- 여자 노동자 61명이 TNT 중독으로 죽었다.

그리고 여자 노동자는 남자 노동자 임금의 절반밖에 받지 못했다.

여자 경찰들

여자 노동자들은 어쩌다가 TNT 중독이 되었을까? TNT 폭탄과 같은 고성능 폭발물을 제조하다 보면 폐와 피 속에 독성 물질이 들어가고, 다음과 같은 중독 증상이 나타난다.

- 우선 코에서 통증이 느껴지고 피가 나다가, 눈이 따끔거리고 목이 아프다.

- 가슴과 배에 통증이 느껴지고, 설사와 피부 발진이 일어난다.

- 치료를 받지 못하면 속이 메슥거리고 현기증이 나고 손발이 붓고 몸이 나른해지다가 결국 목숨까지 잃게 된다.

하지만 여자들은 계속해서 위험을 무릅쓰고 TNT 공장에서 일했다. 1917년 9월에 한 젊은 군수품 노동자가 일하던 공장에서 TNT를 훔치다가 벌금을 물었다. TNT 가루를 이용해 벽돌색으로 머리를 염색하는 것이 유행이어서 TNT를 훔친 것이었다. 하지만 이렇게 염색한 머리 옆에서 성냥을 켜면 폭탄 맞은 머리가 될 위험이 있으니까 조심할 것!

영국은 제1차 세계 대전 중에 최초로 여자 경찰을 만들었다. 여자 경찰의 임무는 여자 노동자들이 공장에서 폭발물을 훔치

거나, 담배나 성냥을 가지고 공장에 들어가는 것을 막는 일이었다. 여자 경찰 그레타 이스트가 사우스웨일스 군수품 공장에서 근무하면서 쓴 일기를 살펴보자.

> 1917년 4월 10일
>
> 　여기 여자들이 자꾸 담배와 성냥을 가지고 공장에 들어가는 바람에 골치 아파 죽겠다. 지난주에는 어떤 여자가 여자 경찰 사무소에 와서, 급히 기차를 타야 한다면서 외투 보관실에서 자기 외투를 찾아 맡아 달라고 부탁했다.
> 　그리고 주머니에 월급봉투가 있으니까 쉽게 외투를 찾을 수 있을 거라고 말했다. 하지만 내가 주머니를 뒤졌을 때 주머니에는 담배밖에 없었다. 물론 그 불쌍한 여자는 기소되고 해고당했다. 담배가 있다는 사실을 잊어버린 것 같다.

정말 세상 물정에 깜깜한 여자다. 하지만 여자 노동자들이 사용한 지하 화장실은 이것보다 더 깜깜했다. 그레타는 화장실 환경을 이렇게 묘사했다.

> 　화장실은 지하에 있었기 때문에, 배수관이 없었다. 그래서 끔찍하고 냄새나는 늪지대가 되었고, 불도 들어오지 않았다. 더러운 쥐 소굴로 변한 화장실도 있었다. 여자들은 화장실에 가기를 끔찍이 무서워했다.

불도 들어오지 않는데 어떻게 화장지를 찾았을까? 화장지를 찾으러 손을 내밀었다가 실수로 쥐를 만지지는 않았을까? 우웩!

전쟁이 끝날 무렵에는 30곳의 경찰서가 여자 경찰을 임명하였다. 이것은 제1차 세계 대전부터 시작되어 아직까지도 남아 있는 관습 가운데 하나다(하지만 맨체스터 등 일부 경찰서는 예외이다).

전쟁터에 나간 여자들

모든 여자들이 포탄이나 만들면서 국가에 '봉사' 하는데 만족한 것은 아니었다. 1914년 9월, 프랑스 신문에는 프랑스 군복을 입고 전방에서 싸운 28살 여자 세탁부에 대한 기사가 실렸다. 프랑스군은 이 여자를 세탁소로 돌려보냈는데, 여자는 화를 내면서 항의했다(아마 다른 사람들과 마찬가지로 다림질이 죽기보다 싫었나 보다).

스코틀랜드 사람이 입는 킬트 옷을 입고 저 멀리 참호까지 간 어떤 영국 여자에 대한 이야기도 있다(독일군은 스코틀랜드 병사들을 가리켜서 '지옥의 여전사'라고 불렀으니까, 여자가 킬트 옷을 입는 것도 그럴듯했겠다). 이 여자는 내기 때문에 참호에 갔고, 결국 붙잡혀서 영국으로 돌아갔다(아마 핸드백 때문에 정체를 들켰을 것이다).

1917년 무렵에 러시아군은 병사가 부족해져서 여군 대대인 '죽음의 대대'를 창설해서 전쟁을 돕게 했다. 마리아 보취카레바는 여군 300명을 이끌고 전투에서 싸웠다. 마리아는 15살 때 첫 결혼을 하고 훗날 재혼을 했는데, 두 남편 때문에 엄청난 고통을 당했다. 집에서 겪은 고생에 비하면 전투는 식은 죽 먹기

였겠지(아마 남자들을 쏘아 죽일 수 있다는 기쁨 때문에 자원입대하지 않았을까?)! 마리아는 동상에 걸리고 몇 차례 부상을 입었지만, 결국 살아남았다.

전쟁터에 나간 소년들

입대할 나이가 되지 않았는데도 군대에 입대하려고 모병소로 간 소년들의 이야기는 셀 수 없을 정도로 많다. 모병 장교들은 어린 소년들을 거리낌 없이 입대시켰다. 물론 모병 장교들은 자원자의 나이를 확인하고 자기 입으로 미성년자라고 밝히는 사람에게는 입대를 거절할 의무가 있었다. 하지만 아래와 같은 이야기가 전 세계에서 수없이 반복되었다.

　부모들은 미성년 아들을 찾으면 아들의 '송환'을 요구할 수 있었고, 소년병은 집으로 돌아갔다.

- 1914년 8월, 런던 출신의 마이어 로젠블룸은 13세 9개월의 나이에 런던 웰시 연대에 입대했다. 1914년 10월, 그의 아버지는 '송환'을 요구했다. 그러나 마이어는 다시 입대해서 갈리폴리로 갔고, 1915년 6월에 부상을 입었다. 그의 아버지는 다시 한 번 송환을 요구했고, 그는 결국 영국으로 돌아갔다.
- 1915년 1월 20일, 제임스 바타비 일병은 13세 10개월의 나이에 제7 이스트 서레이 부대에 자원입대했다. 그는 5월 말에 훈련을 마치고 프랑스로 갔다가 부상을 입었고, 같은 해 10월에 집으로 돌아갔다.
- 1915년 10월, 아서 페이먼(19세로 기록됨)은 8월 말부터 연대에서 이탈했다는 죄로 군사 재판을 받았다. 하지만 그의 엄마가 재판정에 나타났고, 아서가 겨우 14세임을 증명하는 출생증명서를 제출했다.

　그래도 아서 페이먼은 연대에서 도망친 죄로 총살당하는 것은 면했으니까 운이 트인 셈이다. 하지만 다른 소년병들은 그렇게 운이 좋지 못했다.

참호 속의 어린아이

소년병들만 참호에서 지낸 것은 아니었다. 가끔은 어린아이들도 전쟁터에 말려들었다. 1916년 초, 필립 임피는 라 바스 근처 참호로 돌아가던 길에 도랑에 버려진 어린 소녀를 발견했다. 필립은 아이를 안전한 곳으로 데려갈 수도 없고 거기에 남겨 둘 수도 없어서, 결국 참호로 데려갔다.

며칠 후에 소녀는 근처 독일군이 훤히 보이는 난간에 올라갔다. 독일 병사들은 아이에게 사탕과 초콜릿을 주겠다며 소리를 쳤다.

병사들은 아이를 데리고 전방을 떠났다. 소녀는 결국 영국으로 가서 살아남았다. 하지만 안타깝게도 필립 임피는 얼마 뒤 전쟁터에서 목숨을 잃었다.

말썽꾸러기 어린이들

1917년에 영국 어린이들은 못 말릴 정도로 말썽을 부렸다. 그래서 청소년들의 길거리 범죄와 도둑질과 파괴 행위가 크게 늘었다.

- 어떤 사람들은 아빠들이 멀리 군대에 가 있기 때문이라고 말했다.
- 어떤 사람들은 영화 탓이라고 말했다(지금은 TV 탓을 하니까, 그때나 지금이나 별반 달라진 게 없는 셈이다).
- 어떤 사람들은 늙고 힘없는 선생님들 탓이라고 말했다. 남자 선생님들이 전쟁터로 가는 바람에 은퇴한 늙은 여자 선생님들이 그 자리를 대신 채웠기 때문이다(설마! 어린이들이 무서운 선생님이 없어진 틈을 타서 말썽을 부리다니! 여러분들은 그러지 않겠지? 뭐, 아니라고?).

독일 어린이들은 전쟁이 시작되자 매우 놀랐다. 베를린의 영어 선생님들이 모조리 해고당했기 때문이다(하지만 이때는 전쟁 중이었으니까, 여러분 학교에도 이런 일이 일어날 거라는 희망은 버리는 편이 좋겠다!).

한편 1917년 무렵, 독일 어린이들은 굶주림을 이기지 못해서 손에 잡히는 대로 음식을 훔치는 무모한 행동을 일삼았다.

전쟁터에 나간 할배들

- 프랑스군 최고령 병사는 78세였다.
- 이탈리아군 최고령 병사는 74세였다.
- 영국군 최고령 병사인 헨리 웨버(67세)는 1916년 7월 솜 전투에서 전사했다.
- 1915년 12월, 소워비 다리의 제임스 화이트는 1878년에 줄루 전쟁에 참전한 70세 노병이라는 사실이 밝혀져서 집으로 돌아갔다.
- 1918년 6월, 〈요크셔 이브닝 프레스〉 신문은 상선 선원인 윌리엄 제솝 이야기를 실었다. 윌리엄은 72세였으며 수뢰 공격을 일곱 차례나 겪었다고 한다.

윌리엄은 이렇게 말했다.

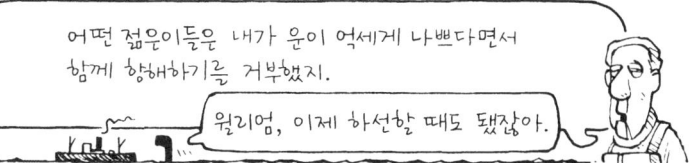

- 1915년에 터키 근처의 다르다넬스 해협에서 배가 폭파되면서, 포술장 이스라엘 하딩스의 왼쪽 다리가 부러졌다. 그는 한때 어부였지만 배에서 도망쳐 나와 영국 해군에 입대했고, 1953~56년에 벌어진 크림 전쟁에 처음 참전한 노병이었다.

무시무시한 감기의 진실

1918년 11월까지, 전쟁으로 죽은 사람은 850만 명이었다.

하지만 이것은 다음에 일어날 일에 비하면 아무것도 아니었다. 스페인독감이 전 세계로 퍼진 것이다.
- 사람들은 길거리에서, 직장에서, 집에서 마구 쓰러졌다.
- 노인이나 어린이보다는 젊고 건강한 사람들이 독감에 많이 걸렸다.
- 치명적인 바이러스가 폐를 공격했고, 폐가 굳어져서 숨을 쉴 수 없었다. 결국 환자는 자기 체액에 숨이 막혀서 죽었다.
- 환자가 죽을 때, 바이러스로 가득 찬 체액이 환자의 입과 코에서 뿜어져 나왔다.
- 1919년 5월까지 스페인독감으로 죽은 사람은 영국에서만 20만 명이 넘었고, 전 세계적으로는 2000만 명이 넘었다. 4년 동안 계속된 전쟁으로 죽은 사람보다 1년 동안 세계를 휩쓴 스페인독감으로 죽은 사람이 훨씬 더 많았다.
- 스페인독감은 흑사병보다 더 많은 사람들을 죽음으로 몰고 갔다.
- 스페인독감이 어디에서 시작되었는지, 왜 갑자기 자취를 감추었는지 아무도 몰랐다.

4년 동안 포격과 폭격과 총탄이 날아다니는 전쟁터에 살아남아 안전하게 집으로 돌아가서 집에서 독감에 걸려 죽은 사람도 있었다!

이상한 진실

해리 S. 트루먼 미군 소령은 제1차 세계 대전이 끝나는 마지막 순간까지 사격을 계속하라고 병사들에게 명령을 내렸다.

그는 거의 30년의 세월이 흐른 뒤에 미국의 해리 트루먼 대통령이 되었다. 그리고 일본에 원자 폭탄을 투하하라는 명령을 내려서 제2차 세계 대전의 막을 내렸다.

한 사람이 두 차례의 세계 대전에서 마지막 총성을 울린 셈이다.

선생님에게 퀴즈를 내자

선생님에게 이 잠깐 퀴즈를 낸 다음에, 선생님이 뇌세포를 쥐어짜며 괴로워하는 모습을 지켜보라. 선생님이 문제를 알아맞히지 못하면 바보라는 뜻이니까, 여러분은 얼마든지 선생님을 비웃어도 좋다. 선생님이 문제를 알아맞히면 제1차 세계 대전을 기억할 만큼 나이가 많다는 뜻이니까, 역시 얼마든지 선생님을 비웃어도 좋다!

1. 1916년에 영국에서 살던 사람이 참호 생활이 궁금하다면, 이곳을 방문하면 된다. 이곳은 어디일까?

a) 이프르 근처에 있는 서부 전선의 프랑스 진영
b) 베를린 근처의 독일 전선 뒤
c) 블랙풀

2. 식량 생산을 담당하는 영국 장관을 무엇이라고 불렀을까?

a) 감자 감사관
b) 기름 감사관
c) 군대 식량 운송 국장

3. 병사들의 몸에는 평균 20마리쯤 되는 이가 우글우글 기어 다녔다. 그렇다면 이가 가장 많은 병사의 기록은?

a) 428마리
b) 1428마리

c) 1만 428마리

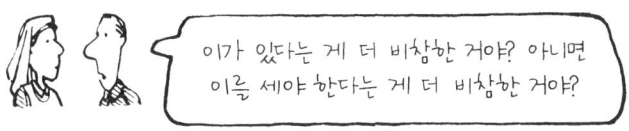

4. 1914년에 프랑스 신문에는 참호에 있는 무엇 덕분에 병사들이 잘 지낸다는 기사가 났을까?
a) 포도주

b) 여자

c) 중앙난방

5. '뒤뚱이'는 무엇이었을까?
a) 병사들이 뚱뚱한 장군에게 붙여 준 별명
b) 탱크의 별명
c) 다리 부상을 입은 말의 별명

6. TNT 폭탄 공장에서 일한 여자들은 '카나리아' 라는 별명으로 불렸다. 그 이유는?

a) 행복에 겨워서 일을 하면서도 카나리아처럼 노래했기 때문에

b) TNT 때문에 머리가 카나리아처럼 노래졌기 때문에

c) 공장 주인들이 '새 모이' 만큼 월급을 적게 주었기 때문에

7. 제1차 세계 대전으로 패션이 바뀌었고, 어떤 패션은 완전히 사라지기도 했다. 어떤 패션일까?

a) 출근할 때 쓰는 남자용 실크 모자
b) 여자용 속반바지
c) 어린이용 나막신

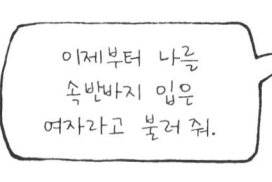

8. 독일의 빌헬름 황제는 강력한 왕이었지만 머리가 살짝 이상했다. 그의 취미는 무엇이었을까?

a) 파리 날개 잡아 뜯기

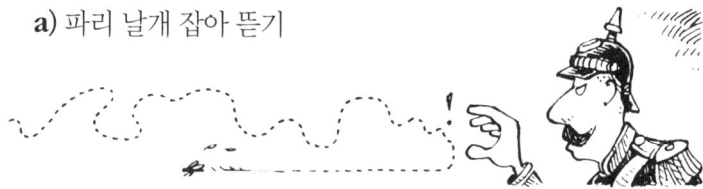

b) 할머니인 빅토리아 여왕의 사진에 다트 던지기

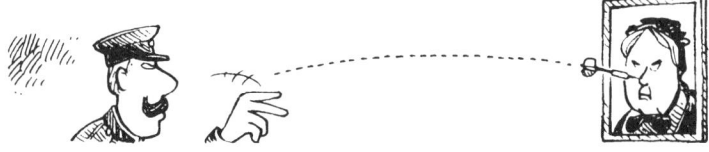

c) 나무 자르기

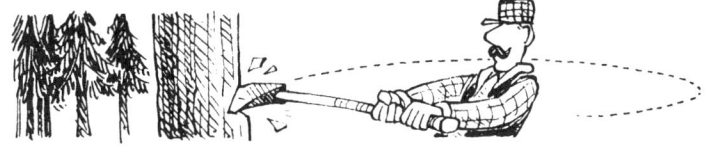

9. 영국인 패트릭 가라는 군에 입대하지 않은 죄로 체포되었다. 그는 뭐라고 변명했을까?

a) 엄마가 허락해 주지 않았다.
b) 겁이 많아서 다칠까 봐 무서웠다.
c) 전쟁이 벌어졌다는 사실을 몰랐다.

10. 영국에서 야외 테니스장이 있는 사람들은 경찰의 의심을 받았다. 그 이유는?

a) 경찰은 야외 테니스장이 침략을 위한 대포 진지라고 믿었다.
b) 테니스 대회는 스파이 두 명이 만나 테니스공에 편지를 숨겨 교환할 좋은 핑계거리였다.
c) 경찰은 야외 테니스장이 밀거래 장소라고 생각했다.

답 :

1. c) 정답은 블랙풀이다. 부상에서 회복한 병사들은 루에 복제 참호를 건설했다(루는 서부 전선의 전투지였다). 독일 베를린에도 비슷한 복제 참호가 마련되었다.

2. a) 감자 감사관이라고 불리면 기분이 어땠을까? 아마 이런 장난 편지를 실컷 받아보지 않았을까? "우리 집 감자는 참 예의가 없어요. 우리 감자에게 감사하는 법 좀 가르쳐 주세요."

3. c) 이 남자의 셔츠에는 이가 1만 428마리나 살았고, 1만 253마리의 알이 부화되기만을 기다리고 있었다. 바지와 양말과 머리에도 이가 수천 마리나 살았을 것이다. 이가 맛있게 식사를 마친 뒤에도, 몸에 피가 남아 있었다는 사실이 놀라울 뿐이다!

4. c) 참호에서 지내는 병사들은 불을 켤 때 아주 조심해야 했다. 적군은 불에서 나오는 연기를 보고 겨냥할 위치를 파악했기 때문이다. 하긴 이래저래 죽기는 마찬가지였다. 불을 켜면 포격에 맞아서 죽고, 불을 안 켜면 얼어서 죽고.

5. b) 군인들은 탱크를 '땅 위의 배'라고 불렀다. 하지만 이밖에도 굼벵이, 고래, 두꺼비, 거북이, 참게, 거인 등 수많은 별명이 있었다. 신문사는 탱크의 사진을 실어 탱크의 비밀을 밝힐 수 없었다. 그래서 영국 기자들은 탱크를 '몸체가 길고 몸통이 낮은 다갈색 거북이'라고 불렀고, 프랑스 기자들은 앞면에 '완충 장치'가 달린 물체라고 표현했다. 하지만 병사들 대부분은 탱크가 '물탱크'와 비슷하다고 생각했고, 지금까지 이 이름으로 불리고 있다.

6. b) TNT는 심한 피부 발진을 일으켰고, TNT 연기 때문에 여자들의 머리는 카나리아색과 비슷한 연한 벽돌색으로 물들

었다. 식당 주인들은 이렇게 소리치면서 이 불쌍한 여자들을 식당에 발도 못 붙이게 했다. "정말 꼴불견이군. 어서 나가! 다른 손님들이 입맛 떨어지잖아!"

7. a) 전쟁 때문에 영국인들의 생활 방식이 달라졌다. 1914년 전까지만 해도 부자들이 기차나 버스를 탄다는 것은 상상도 못할 일이었다. 하지만 이제 부자들도 날마다 차장에게 요금을 내면서 기차나 버스를 타고 출근을 했다. 강철이 부족해 몸을 조이는 코르셋을 입을 수 없게 되면서, 여자들의 패션도 달라졌다. 실크 모자가 지붕이 낮은 버스와 지하철에서 쓰기에 불편했기 때문에, 런던 금융가의 사업가들은 더 이상 실크 모자를 쓰지 않게 되었다.

8. c) 윌리는 포츠담 궁전에서 나무 자르기를 좋아했다. 그리고 나무껍질 벗기기를 미친 듯이 좋아했다. 하긴, 미친 사람이니까 미친 듯이 좋아했겠지.

9. b) 1916년에 요크셔 쉘비에서 패트릭 가라는 징집을 피한 죄로 재판을 받았다. 판사는 그에게 입대하지 않은 이유를 물었다. 그는 참호보다 쉘비가 안전한 곳이라고 생각했다고 말했다. 패트릭은 2파운드의 벌금형을 받고 가까운 막사로 갔다. 1년 뒤 런던에서, 그레이엄 휘틀로도 입대하지 않은 죄로 재판을 받았다. 그는 자신이 주교 겸 공작이라고 말했다. 그리고 거의 100년 전에 죽은 조지 4세에 의해서 육군 참모총장으로 임명되었다고 대답했다. 물론 휘틀리는 미친 척을 해서 입대를

피하려고 한 것이다. 하지만 그의 작전은 효과가 없었다.

10. a) 바보 같은 이야기지만 진실이다. 뒷마당에 대포 진지를 만든들 무슨 소용이 있을까? 물론 이웃집 강낭콩 밭에 대포를 던질 수는 있겠지만 말이다.

끝맺는 말

　제1차 세계 대전에서는 수많은 비극이 일어났다. 영국, 프랑스, 러시아에서 가족을 잃지 않은 사람이 없을 정도였으니까. 어느 마을을 가더라도 죽은 사람의 이름이 새겨진 비석이 눈에 띄었다. 마을 사람들은 함께 입대해서 함께 죽었고 쓸쓸히 고향을 떠났다.

　하지만 이것이 진짜 비극은 아니었다. 진짜 비극은 제1차 세계 대전으로 문제가 전혀 해결되지도 않았고 평화가 오지도 않았다는 사실이다. 제1차 세계 대전은 제2차 세계 대전으로 이어졌고, 더 많은 비참함과 죽음과 파괴만을 불러왔다.
　기념비에 이름을 남긴 사람들은 평화를 위해 싸웠다고 믿었다. 그러나 '모든 전쟁을 끝내기 위한 전쟁'이라고 불린 제1차 세계 대전은 사실은 더 큰 전쟁의 서곡에 불과했다.
　대체 무엇이 잘못된 것일까? 큰 실수와 작은 사고가 겹쳐서 비극이 일어난 것이다. 어떤 사고는 당시에는 아무도 신경 쓰는 사람이 없을 정도로 사소한 것이었다. 이 사고는 솜 전투

중에 독일군 참호에서 일어났다. 독일군 참호는 영국군의 포탄 공격으로 박살이 났고 참호에 있던 독일군은 거의 전멸했다. 하지만 끔찍한 우연으로 한 독일군이 포탄 조각 하나만 얼굴에 박힌 채 탈출에 성공했다. 그는 살아남았다. 그리고 또 다른 전쟁을 일으켰다. 그의 이름은 아돌프 히틀러였다. 히틀러에게는 행운이었겠지만, 전 세계에는 불행한 일이었다.

역사는 제1차 세계 대전처럼 거대한 사건으로 바뀌기도 하지만, 눈 깜짝할 사이에 일어나는 우연한 사고로 바뀌기도 한다. 헤이스팅스 전투에서 헤럴드 왕의 눈알에 명중한 화살도 그렇고, 히틀러를 빗맞힌 포탄도 그렇다.

역사란 끔찍하다. 하지만 가까운 전쟁 기념비를 찾아가 거기에 적힌 이름을 읽어 보라.

그리고 이렇게 중얼거려 보자.

"다시는 이런 일이 없기를."

모든 사람들이 진심을 다해서 이렇게 말한다면, 이들의 죽음이 그렇게 헛되지만은 않을 것이다.

쿵쿵쾅쾅 제1차 세계 대전

소름 끼치는 퀴즈

여러분이 제1차 세계 대전의 전문가가 되었는지 확인해 볼 시간이다!

지긋지긋한 전투

제1차 세계 대전에서는 황당하고 기괴한 사건들이 수도 없이 일어났다. 제1차 세계 대전 전투에 대한 다음 사실 중에서 어떤 것이 참이고 어떤 것이 거짓인지 가려보라.

1. 제1차 세계 대전 초기인 1914년 8월 23일, 대규모 전투로 손꼽히는 몬스락타리우스 전투가 벌어졌다. 훗날 영국군 병사들은 몬스락타리우스 전투에서 유령들이 자신들을 지켜 주었다고 주장했다. 이것은 참일까, 거짓일까?

2. 1914년 9월, 프랑스군 병사들은 마른 전투에 참전하기 위해 택시를 타고 전선으로 이동했다. 이것은 참일까, 거짓일까?

3. 제1차 세계 대전 중 벨기에의 이프르 주변에서는 대규모 전투가 세 차례나 벌어졌다. 훗날 제2차 세계 대전에서 영국을 이끈 위대한 지도자 윈스턴 처칠은 젊은 시절에 이프르에서 벌어진 세 번째 전투에서 독가스 공격을 당해 하마터면 장님이 될 뻔했다. 이것은 참일까, 거짓일까?

4. 솜 전투는 1916년 7월 1일에 시작되어 11월 18일까지 계속되었다. 이 전투에서 프랑스군과 영국군은 힘을 합해서 독일 전선을 공격했는데, 이 전투에서 총 영국군 사망자는 5만 7470

명에 달했다. 이것은 참일까, 거짓일까?

5. 1914년 10월 1일, 프랑스군과 영국군은 아라스에서 독일군을 공격하기 시작했다. 연합군은 이 전투에서 산봉우리 하나만을 점령했기 때문에, 이 전투는 실패한 전투였다. 이것은 참일까, 거짓일까?

6. 제1차 세계 대전의 최장 전투는 1916년 2월에 시작된 베르됭전투였다. 이 전투에서는 왕자가 독일군을 지휘했다. 이것은 참일까, 거짓일까?

7. 1917년 11월에 영국군이 캉브레 전투에서 대패하는 바람에, 영국 정부는 교회 종을 울리지 말라는 명령을 내렸다. 이것은 참일까, 거짓일까?

8. 제1차 세계 대전에서 가장 유명한 해전은 1916년에 벌어진 유틀란트 전투였다. 이 전투 결과 영국군은 대승을 거두고, 독일군 함대는 제1차 세계 대전에 두 번 다시 참전하지 못하게 되었다. 이것은 참일까, 거짓일까?

9. 1915년 3월 10일부터 13일까지 뇌브샤펠 전투가 일어났다. 그리고 전투 초반 35분 동안에 보어 전쟁에서 3년간 발사된 것보다도 많은 포탄이 발사되었다. 이것은 참일까, 거짓일까?

10. 1914년 9월, 엔 전투가 시작되었다. 엔 전투는 근처 마을의 이름을 따서 지은 것이다. 이것은 참일까, 거짓일까?

무시무시한 참호전 간단 퀴즈

여러분이 간단 퀴즈의 답을 척척 알아맞혔다면, 제1차 세계 대전에서 참호 생활을 견디고 독일군의 공격에서 살아남는 용감한 병사가 되었을 것이다.

1. 독가스는 제1차 세계 대전에서 처음으로 사용되었다. 여러분이 참호에 앉아 있다가 독가스 공격을 당한다면 어떻게 할 것인가?

2. 어떻게 하면 적군이 언제 폭격을 할지 미리 알 수 있을까?

3. 참호 안에서 생활하던 병사들은 바닥에 파 놓은 구덩이나 양동이에 볼일을 보았다. 그런데 이질에 걸린 병사가 워낙 많아서 구덩이와 양동이는 순식간에 넘실거렸다. 냄새나는 재래식 변소가 가득 차면 병사들은 어디에서 볼일을 보았을까?

4. 참호는 겨울에 아주 추웠기 때문에, 수많은 병사들이 추위에 떨고 동상에 걸렸다. 병사들은 동상에 걸린 발을 어떻게 치료했을까?

5. 참호의 추위와 습기와 비위생적인 환경 때문에 병사들은 참호족염에 시달렸다(참호는 진흙과 물과 응가와 시체로 가득했다). 끔찍한 참호족염 때문에 발을 자르는 신세가 되지 않으려

면 어떻게 해야 할까?

6. 이는 참호를 아주 좋아했다. 이는 병사들 몸에서 살면서 병사들을 실컷 뜯어먹었다. 병사들은 이를 죽이기 위해서 어떤 방법을 짜냈을까?

7. 끔찍한 참호에서 벗어나고 싶어서 일부러 적당히 부상을 입어 본국으로 돌아가려고 하는 병사들이 많았다. 그러다가 만일 들키기라도 하면 어떤 벌을 받았을까?

8. 여러분이 저격병이라면 적군의 눈을 피하기 위해 어떤 좋은 수를 짜냈을까?

9. 병사의 뼈가 부러지는 비상사태가 발생했다. 어떤 것으로 부목을 만들면 좋을까?

10. 육군은 더러운 물 때문에 생기는 이질 발병을 줄이기 위해서 어떤 방법을 썼을까?

포복절도 별명들

제1차 세계 대전에서 병사들은 무기와 계급과 식량 등 거의 모든 것에 별명을 붙였다. 여러분도 군인들이 사용하던 속어의 의미를 알아맞혀 보라.

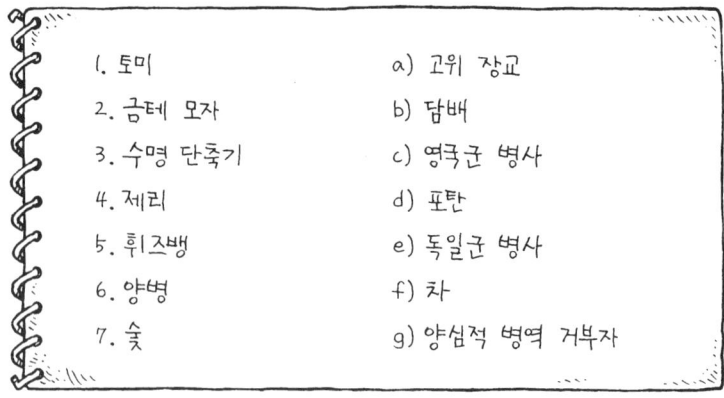

1. 토미
2. 금테 모자
3. 수명 단축기
4. 제리
5. 휘즈뱅
6. 양병
7. 숯

a) 고위 장교
b) 담배
c) 영국군 병사
d) 포탄
e) 독일군 병사
f) 차
g) 양심적 병역 거부자

답:
지긋지긋한 전투
1. 참. 영국군은 독일군보다 수적으로 열세였는데도 독일군을 격퇴했고, 하느님이 유령 부대를 보내 준 덕분에 전투에서 이겼다고 떠들어 댔다. 그러나 유령 부대가 나타나서 병사들을 도와주었다는 증거는 지금까지 단 하나도 발견되지 않았다.
2. 참. 프랑스는 파리 시내에 있는 모든 택시 운전사들에게 명령을 내려서 마른 전투가 벌어지는 전선으로 병사들을 모셔 가도록 했다. 이렇게 중요한 전투에 병사들이 지각을 하면 안 되니까.
3. 거짓. 젊은 시절에 무서운 독가스 공격으로 질식해서 죽을 뻔한 사람은 처칠이 아니라 히틀러였다. 잔인한 히틀러는 독가스 공격에서 살아남았을 뿐만 아니라, 제1차 세계 대전에서 용

감한 군인으로 인정받아 훈장을 여섯 개나 받았다!
4. 거짓. 전투 첫날인 7월 1일 하루 동안의 사망자만 해도 거의 5만 8000명에 달했다. 그리고 이 기록은 지금까지 아무도 깨지 못했다.
5. 거짓. 연합군은 아라스 전투에서 산 하나를 점령했기 때문에, 이 전투는 성공한 전투였다. 당시에 캐나다군이 점령한 비미리지라는 산은 매우 중요한 요충지였다!
6. 참. 베르됭 전투의 독일군 사령관은 카이저 빌헬름 2세의 아들인 빌헬름 황태자였다.
7. 거짓. 영국군이 캉브레 전투에서 대승을 거두었기 때문에, 영국 정부는 전쟁이 시작된 후 처음으로 교회 종을 울리는 것을 허락했다.
8. 참인 동시에 거짓. 독일군 함대가 영국군의 공격을 받아 심하게 파손되어 제1차 세계 대전에 두 번 다시 참전하지 못한 것은 사실이다. 그러나 영국군도 수많은 병사를 잃었기 때문에 대승했다고 말할 수는 없다.
9. 참. 전쟁 방법과 무기는 1902년부터 1914년 동안 크게 발전했다. 1902년에 끝난 보어 전쟁과 1914년에 시작된 제1차 세계 대전은 전쟁 방법과 무기 면에서 완전히 차원이 다른 전쟁이었다.
10. 거짓. 솜 전투와 마른 전투 등 제1차 세계 대전에서 벌어진 수많은 다른 전투와 마찬가지로, 엔 전투도 근처 강의 이름을 따서 지었다.

무시무시한 참호전 간단 퀴즈

1. 손수건에 오줌을 누고 손수건으로 입과 코를 감싼다. 이 방법은 지저분하기는 하지만 탁월한 효과를 발휘했다. 오줌에 들어 있는 화학 물질이 독가스를 막아 주었으니까!
2. 쥐를 주의 깊게 살핀다. 냄새나는 참

호에서는 쥐가 득실거렸는데, 병사들은 쥐가 폭격 시기를 본능적으로 알고 참호에서 도망간다고 생각했다. 참호에서 쥐새끼 한 마리도 보이지 않으면, 징글징글한 적군의 폭격을 당하게 된다고 생각하면 백발백중이다.
3. 포탄 구덩이. 독일군이 친절하게 폭탄을 던져서 만들어 준 포탄 구덩이가 있는데 힘들게 구덩이를 팔 필요가 있을까? 아늑한 포탄 구덩이 하나 찾아서 쭈그려 앉으면 그만이지.
4. 발을 눈으로 문질렀다. 그런데 동상 걸린 발을 문지르면 상태가 더 심해진다. 그러니까 눈으로 발을 문지르면 발이 엄청나게 시리고 아플 뿐만 아니라 효과도 없다!
5. 발에 고래 기름을 잔뜩 바른다. 병사들이 고래 기름을 얼마나 많이 발랐는지, 한 개 대대가 45L나 되는 끈적끈적한 고래 기름을 하루에 모두 써 버렸을 정도였다.
6. 병사들은 촛불로 이를 태웠다. 그런데 간혹 덜렁거리는 병사들은 촛불로 이를 태우다가 군복에 불이 붙는 사고를 당하기도 했다.
7. 총살당했다. 꼼수를 부려서 전쟁에서 빠지려고 하는 병사는 대개 군사재판을 받은 후에 총살을 당했다.
8. 나무로 위장한다. 위장의 명수인 저격병들은 적군에게 가까이 가기 위해서 무인 지대로 몰래 들어갔다. 그리고 적군의 눈을 피하려고 나뭇잎으로 몸을 가려서 나무로 위장했다.
9. 총을 사용한다. 나뭇가지나 총검이나 칼을 이용해서 위생병이 올 때까지 뼈를 고정시킬 수도 있지만, 튼튼한 총이 부목으로는 제격이다. 하지만 병사의 다리에 총을 묶어 둔 사이에 적군과 마주친다면 불상사가 일어날 수도 있다!
10. 물을 깨끗하게 정화한답시고 석회를 넣었다. 그러나 병사들은 역겨운 맛이 나는 석회 물을 매우 싫어했다.

포복절도 별명들
1. c) 2. a) 3. b) 4. e) 5. d) 6. g) 7. f)

테리 디어리(Terry Deary)

테리 디어리는 아주 오래전 옛날에 태어났다. 너무 오래된 일이라서 기억이 잘 안 날 정도라고 한다. 하지만 당시 현장에 있었던 그의 어머니는 그가 1946년 영국 선덜랜드에서 태어났다고 말해 주었다. 그러니까 그가 기억에 의존해서 《앗! 시리즈》 시리즈를 쓴다는 소문은 거짓말인 모양이다.

그는 축구를 하고 선생님들을 괴롭히는 것만 좋아하는 나쁜 어린이었다. 역사 수업이 너무 따분하고 시시해서 역사를 싫어하게 되었고, 《앗! 시리즈》로 그에 대한 복수를 하기로 결심했다고 한다.

마틴 브라운(Martin Brown)

마틴 브라운은 호주 멜버른에서 태어났고 아주 어린 시절부터 그림을 그렸다. 그는 아빠가 직장에서 가져온 큰 종이를 낙서와 작은 그림으로 가득 채우곤 했다. 그리고 콩나물처럼 쑥쑥 자라서 영국으로 이사한 후에 소원대로 낙서와 작은 그림을 그리는 직업을 가지게 되었다고 한다.

앗, 시리즈 (전 70권)

앗, 이렇게 재미있는 수학이!

어렵고 지루했던 수학이 순식간에 쉽고 즐거워집니다. 수학의 기초 원리에서부터 응용까지, 다양한 정보와 교양을 골라서 일목요연하게 정리해 줍니다.

01 수학이 모두 모여 수군수군
02 수학이 수리수리 마술이
03 수학이 수군수군
04 수학이 또 수군수군
05 수학이 자꾸 수군수군 1. 셈
06 수학이 자꾸 수군수군 2. 분수
07 수학이 자꾸 수군수군 3. 확률
08 수학이 자꾸 수군수군 4. 측정
09 대수와 방정맞은 방정식
10 도형이 도리도리
11 섬뜩섬뜩 삼각법
12 이상야릇 수의 세계
13 수학 공식이 꼬물꼬물
14 수학이 꿈틀꿈틀

앗, 시리즈 (전 70권)

앗, 이렇게 재미있는 과학이!

어렵고 지루했던 과학이 순식간에 쉽고 즐거워집니다.
복잡한 현대 과학의 기초 원리에서부터 응용까지
다루고 있으며, 다양한 정보와 교양을 골라서
일목요연하게 정리해 줍니다.

15 물리가 물렁물렁
16 화학이 화끈화끈
17 우주가 우왕좌왕
18 구석구석 인체 탐험
19 식물이 시끌시끌
20 벌레가 벌렁벌렁
21 동물이 뒹굴뒹굴
22 화산이 왈칵왈칵
23 소리가 슥삭슥삭
24 진화가 진짜진짜
25 꼬르륵 뱃속여행
26 두뇌가 뒤죽박죽
27 번들번들 빛나리
28 전기가 찌릿찌릿
29 과학자는 괴로워?

30 공룡이 용용 죽겠지
31 질병이 지끈지끈
32 지진이 우르쾅쾅
33 오싹오싹 무서운 독
34 에너지가 불끈불끈
35 태양계가 티격태격
36 튼튼탄탄 내 몸 관리
37 똑딱똑딱 시간 여행
38 미생물이 미끌미끌
39 의학이 으악으악
40 노발대발 야생동물
41 뜨끈뜨끈 지구 온난화
42 생각번뜩 아인슈타인
43 과학 천재 아이작 뉴턴
44 소름 돋는 과학 퀴즈

앗, 시리즈 (전 70권)

앗, 이렇게 재미있는 사회·역사가!

어렵고 지루했던 사회·역사가 순식간에 쉽고 즐거워집니다. 사회·역사와 담을 쌓았던 친구들에게 생생한 학습 의욕을 불어넣어 줄, 꼭 필요한 정보와 교양만을 골라서 일목요연하게 정리해 줍니다.

- 45 바다가 바글바글
- 46 강물이 꾸물꾸물
- 47 폭풍이 푸하푸하
- 48 사막이 바싹바싹
- 49 높은 산이 아찔아찔
- 50 호수가 넘실넘실
- 51 오들오들 남극북극
- 52 우글우글 열대우림
- 53 올록볼록 올림픽
- 54 와글와글 월드컵
- 55 파고 파헤치는 고고학
- 56 이왕이면 이집트
- 57 그럴싸한 그리스
- 58 모든 길은 로마로
- 59 아슬아슬 아스텍
- 60 잉카가 이크이크
- 61 들썩들썩 석기 시대
- 62 어두컴컴 중세 시대
- 63 쿵쿵쾅쾅 제1차 세계 대전
- 64 쾅쾅탕탕 제2차 세계 대전
- 65 야심만만 알렉산더
- 66 위풍당당 엘리자베스 1세
- 67 위엄가득 빅토리아 여왕
- 68 비밀의 왕 투탕카멘
- 69 최강 여왕 클레오파트라
- 70 만능 천재 레오나르도 다 빈치